IGUALDAD DE GÉNERO PARA LAS OPOSICIONES DE LA JUNTA DE ANDALUCÍA

Sevilla, 19 de febrero de 2009

IGUALDAD DE GÉNERO PARA LAS OPOSICIONES DE LA JUNTA DE ANDALUCÍA

TEMARIO Y TEST

Editorial MAD

AMPARO PITEL HUERTAS

Segunda edición, febrero 2009.
Depósito Legal: SE-1079-2009 (182 páginas).

IMPRESO EN ESPAÑA.
Diseño Portada: EDITORIAL MAD, S.L.
Edita: EDITORIAL MAD, S.L.
Plg. Merka, c/B. Nave 1. 41500 ALCALÁ DE GUADAÍRA (Sevilla)
Telf.: +34 902 452 900
WEB: www.mad.es
ISBN: 978-84-676-1472-5.

PRESENTACIÓN

En este volumen se desarrollan los temas 1 a 4 sobre Igualdad de Género en Andalucía.

La inclusión de estos temas responde al artículo 31 de la Ley 12/2007, de 26 de noviembre, para la Promoción de la Igualdad de Género en Andalucía. Este artículo está referido al empleo en el sector público andaluz y en él se especifica, entre otras cosas, que "Al objeto de acceder al empleo público en la Administración de la Junta de Andalucía, los temarios para la celebración de pruebas selectivas incluirán materias relativas a la normativa sobre igualdad y violencia de género".

Como complemento didáctico imprescindible incluimos una batería de test, referidos a cada uno de los temas desarrollados, los cuales le serán muy útiles para evaluar los contenidos aprendidos.

Estamos seguros de que este material será de gran ayuda para la óptima preparación y superación de estas pruebas selectivas, para las que les deseamos el mayor de los éxitos.

Finalmente, le recordamos que, para consultar datos sobre esta convocatoria y las publicaciones en marcha de Editorial MAD, puede entra en nuestra web:

www.mad.es/actualizaciones

ÍNDICE

TEMAS

TEST

TEMAS

TEMA 1

Conceptos generales. Conceptos: género, discriminación, desigualdad, acción positiva, roles y estereotipos. Discriminación por razón de sexo: discriminación directa e indirecta, discriminación salarial. Acoso por razón de sexo. Discriminación en la publicidad y lenguaje sexista. Igualdad entre mujeres y hombres: Igualdad de Derechos, de Trato y de Oportunidades

ÍNDICE

1. CONCEPTOS

1.1. GÉNERO

Antes de presentar el concepto de "género" es conveniente relacionarlo con el concepto de "sexo", para establecer sus mutuas relaciones y diferencias, como punto de partida de este enfoque. En términos generales, los sexos -hembra y macho- son categorías biológicas, en tanto que los géneros –masculino y femenino– son categorías socioculturales. La primera es una categoría determinista y rígida (se nace), mientras que la segunda es una categoría construida socialmente (se aprende) y por tanto está sujeta a cambios.

El "sexo" alude a los aspectos físicos, biológicos y anatómicos que distinguen lo que es un macho de una hembra. Por el contrario, el "género" nos remite a las características que, social y culturalmente se atribuyen a hombres y mujeres, a partir de sus diferencias biológicas. En la construcción de los géneros inciden varios factores como la tradición, la costumbre y los valores de una comunidad. Es la estructura cultural e ideológica de una sociedad la que define y da contenido a lo que es considerado socialmente como "lo masculino" y "lo femenino". La palabra "género" no significa en sí misma hombre o mujer. Para referirse a las características biológicas que los distinguen se utiliza la palabra "sexo", que remite a las diferencias de los órganos sexuales y la anatomía. En cambio, el concepto de género se utiliza para comprender las relaciones sociales y personales entre hombres y mujeres y la forma en que se construyen los conceptos de feminidad y masculinidad. Muchas veces, los atributos asociados al género se justifican basándose en las diferencias sexuales o biológicas. Por ejemplo, se considera que las mujeres son maternales por naturaleza, característica que se asocia con su capacidad reproductiva de engendrar.

Al igual que los conceptos de raza, etnia, edad o religión, el género es una herramienta de análisis para comprender los procesos sociales y propiciar políticas que reconozcan e interpreten la diversidad.

1.2. ROLES DE GÉNERO

Papeles, funciones, actividades y responsabilidades que se atribuyen socialmente a hombres y mujeres. Tradicionalmente el rol femenino está asociado a la crianza, el cuidado y los afectos, mientras que el rol masculino se identifica con el espacio público, el ámbito productivo, el sustento económico y la representatividad en lo político, lo científico, lo cultural y lo social.

Dentro de los roles de género podemos encontrar:

- **Los roles reproductivos**: abarcan la maternidad/responsabilidades de la crianza y los roles domésticos desempeñados generalmente por mujeres, de quienes se espera que reproduzcan y sustenten la mano de obra. Aunque, en la práctica, estos roles constituyan un trabajo, se los diferencia de los que se denominan "productivos" porque llevarlos a cabo no se considera un "trabajo".
- Los **roles productivos** comprenden el trabajo que realizan tanto mujeres como hombres y que generan un ingreso (al contado o de cualquier otro tipo) y poseen un valor de cambio.
- Los **roles comunitarios** son aquellos que desempeñan principalmente las mujeres en la comunidad, como extensión de su rol reproductivo, para mantener los escasos recursos de consumo colectivo, como el agua, la salud y la educación. Dado que las mujeres tienden a asumir múltiples roles (se ocupan de los hijos/as a la vez que desempeñan actividades productivas y comunitarias), es importante tenerlos en cuenta a la hora de formular un plan de evaluación o analizar el impacto de un determinado proyecto en relación con el género.

1.3. ESTEREOTIPOS

Los estereotipos de género son un mecanismo de transmisión y perpetuación de los roles de género. El término designa un conjunto de creencias profundamente enraizado en el subconsciente colectivo e individual a través de las cuales se emiten juicios y se manifiesta la visión de la realidad que se tiene. Se construyen sobre la base de factores ideológicos, históricos, religiosos, étnicos, económicos y culturales, que luego se traducen en desigualdades sociales, económicas y políticas, en las cuales las actividades de los hombres y los atributos relativos a su género se perciben necesariamente como superiores a los de las mujeres (por ejemplo, la idea de que las mujeres son intuitivas mientras que los hombres son racionales).

En definitiva, son las ideas y creencias aceptadas en la sociedad sobre cómo han de ser y comportarse los hombres y las mujeres.

Correa, I Guzmán, M y Aguaded, J (2000) categorizan el estereotipo como un código invisible, latente, que sólo podremos desvelar con una mirada crítica. Los estereotipos sobre las mujeres enmascaran la defensa de los valores patriarcales de nuestras sociedades y el miedo de la pérdida del liderazgo masculino. Los estereotipos sexuales permanecen hoy en la sociedad y se perpetúan por medio de los agentes de socialización como la familia, la escuela, los medios de comunicación, etc.

1.4. DESIGUALDAD

La desigualdad social se refiere a una situación en la que no todas las personas y ciudadanos de una misma sociedad, comunidad o país, tienen iguales derechos y obligaciones. Podemos definir la desigualdad como la dispersión de una distribución, tanto si se trata de la renta, del consumo, de la salud o de cualquier otro indicador o atributo de bienestar de la población. El concepto de desigualdad implica la incapacidad de realizar o desarrollar algo en todo su potencial.

La desigualdad de género se da cuando los individuos a los que se les atribuye un género determinado no tienen acceso a posibilidades sociales de igual nivel que los individuos de otro género. El reparto de roles entre mujeres y hombres a lo largo de los siglos nos ha conducido a que, aún hoy en nuestra sociedad, las mujeres cuenten con desiguales oportunidades para participar en las distintas esferas sociales.

1.5. DISCRIMINACIÓN

Como oposición al término igualdad tendríamos el término discriminación, que significa separar, distinguir, diferenciar con la intención de que una de las partes se beneficie más que la otra.

La acción de dar un trato diferente a personas entre las que existen desigualdades sociales, se llama discriminación. La discriminación se produce cuando una persona es tratada de forma diferente por su pertenencia a un grupo concreto o por tener un rasgo común diferenciador y no por su aptitud o capacidad individual. La discriminación es una situación en la que una persona o grupo es tratada de forma desfavorable a causa de prejuicios (en el caso de la discriminación por razón de género, cuando uno de los géneros es tratado de manera diferente, fundamentalmente la mujer).

1.6. ACCIÓN POSITIVA

Medida que tiene como finalidad eliminar la situación de discriminación. Incide especialmente sobre el punto de salida intentando equilibrar las condiciones de hombres y mujeres, pretende un resultado compensatorio. Aplicada al contexto de la Igualdad de Oportunidades es una medida con vocación de carácter temporal dirigida a conseguir una presencia equilibrada de hombres y mujeres en todas las esferas de la sociedad.

Se trata de una actuación de impulso y de promoción, que tiene por objeto establecer la igualdad entre hombres y mujeres en materia de oportunidades, contratación y ocupación, sobre todo mediante la eliminación de las desigualdades de hecho.

Según el Comité para la Igualdad entre hombres y mujeres del Consejo de Europa, la acción positiva es una estrategia destinada a establecer la igualdad de oportunidades por medio de unas medidas que permitan contrastar o corregir aquellas discriminaciones que son el resultado de prácticas o de sistemas sociales. Se trata de medidas que van más allá del control de la aplicación de las leyes de igualdad, puesto que su finalidad es poner en marcha programas concretos para proporcionar a las mujeres ventajas concretas.

En definitiva, las medidas de Acción Positiva van dirigidas a eliminar los obstáculos que se oponen a que las mujeres disfruten de los derechos de ciudadanía en condiciones de igualdad. Se trata de medidas concretas y temporales dirigidas a compensar situaciones de desventaja con las que parten las mujeres.

2. DISCRIMINACIÓN POR RAZÓN DE SEXO

El principio de igualdad de trato entre mujeres y hombres supone la ausencia de toda discriminación, directa o indirecta, por razón de sexo. Dicha discriminación puede ser directa e indirecta:

2.1. DISCRIMINACIÓN DIRECTA POR RAZÓN DE SEXO

Es la situación en que se encuentra una persona que sea, haya sido o pudiera ser tratada, en atención a su sexo, de manera menos favorable que otra en situación equiparable.

2.2. DISCRIMINACIÓN INDIRECTA POR RAZÓN DE SEXO

Es la situación en que una disposición, criterio o práctica aparentemente neutros pone a personas de un sexo en desventaja particular con respecto a personas del otro, salvo que dicha disposición, criterio o práctica puedan justificarse objetivamente en atención a una finalidad legítima y que los medios para alcanzar dicha finalidad sean necesarios y adecuados.

2.3. DISCRIMINACIÓN SALARIAL

Uno de los factores más representativos en cuanto a la discriminación de género en el mercado laboral es el salario, ya que desde la incorporación definitiva de la mujer al empleo, siempre ha sido objeto de remuneraciones inferiores respecto al hombre a pesar de que en muchos casos realizan las mismas o similares tareas. Según un estudio de la Unión Europea, las mujeres de los 27 países miembros ganan un 15% menos que los hombres, frente al 17% en 1995, lo que muestra un progreso muy escaso en cuanto a la mejora de la discriminación sexual en el mercado laboral. Los motivos de esta discriminación salarial son debidos, principalmente, a la maternidad, la concentración de la mujer en pocos sectores laborales y la dificultad para lograr ascensos.

A la luz de los últimos datos sobre las condiciones laborales de las mujeres, resulta más que evidente que el crecimiento económico no ha garantizado la igualdad de oportunidades ante el empleo. Hoy el desempleo es mayor en mujeres que en hombres. Según datos del Instituto de la Mujer, del total de la población inactiva en nuestro país las mujeres representan el 63.21% en el primer trimestre de 2007. Además, las mujeres se encuentran más afectadas por formas de empleo precario que dificultan su participación activa en otros ámbitos de la vida pública.

Por otra parte, los sistemas de formación reproducen en muchos casos esa discriminación en lugar de eliminarla y así, aunque cada vez es mayoritaria la presencia de la mujer en los estudios universitarios, el sistema formativo no es sensible a las diferencias por razón de género. Incluso en las actividades tradicionalmente femeninas, las mujeres ocupan los puestos de trabajo más bajos en la escala de mando. Muchas mujeres con experiencia y cualificación chocan con el llamado “techo de cristal” y ven frustrada una merecida carrera profesional. Continúan, pues dándose las llamadas “profesiones por sexo”.

2.4. ACOSO POR RAZÓN DE SEXO

El acoso sexual consiste en la situación en que se produce cualquier comportamiento verbal, no verbal o físico de índole sexual, con el propósito o el efecto de atentar contra la dignidad de una persona, en particular cuando se crea un entorno intimidatorio, hostil, degradante, humillante u ofensivo.

El condicionamiento de un derecho o de una expectativa de derecho a la aceptación de una situación constitutiva de acoso sexual o de acoso por razón de sexo se considerará acto de discriminación por razón de sexo y tendrá la misma consideración cualquier tipo de acoso.

2.5. DISCRIMINACIÓN EN LA PUBLICIDAD

Está demostrado que la mayoría de anuncios de cuidados y belleza son protagonizados por mujeres. La publicidad crea necesidades, crea y reproduce un modelo de belleza que no es real, sino social y que se relaciona en muchas ocasiones con trastornos alimenticios como la anorexia o la bulimia.

Además la mirada de la publicidad continúa siendo masculina, es decir, las mujeres aparecen como a los hombres les gusta verlas: como objeto, como reclamo sexual y sigue estando mirada desde los ojos del hombre. Por otra parte, los modelos de las relaciones de pareja que se nos siguen presentando no responden a los nuevos modelos que hay de familia ni de relaciones, sino que continúan mostrando relaciones de dependencia, se juega con los mitos del amor romántico.

Los anuncios tienen una influencia determinante en la transmisión cultural de valores y de actitudes, en la educación ética y estética de la ciudadanía y en la globalización de los estilos de vida y de las formas de percibir el mundo en nuestras sociedades. En los anuncios no sólo se venden objetos sino que también se construye la identidad sociocultural de los sujetos y se estimulan maneras concretas de entender y de hacer el mundo, se fomentan o silencian ideologías, se persuade a las personas de la utilidad de ciertos hábitos y de ciertas conductas y se vende un oasis de ensueño, de euforia y de perfección en el que se proclama el intenso placer que produce la adquisición y el disfrute de los objetos y la ostentación de las marcas (Lomas, 2002).

La revolución en marcha en las comunicaciones mundiales y la introducción de nuevas tecnologías de la información hacen que en estos momentos los medios de comunicación puedan aportar una contribución histórica al adelanto de la mujer. Sin embargo, la prensa, los medios visuales, sonoros y electrónicos de muchos países no ofrecen una imagen de la diversidad de la vida de la mujer y de su contribución a la sociedad, sino que, por el contrario, los materiales pornográficos y violentos que, en muchas ocasiones presentan, degradan a la mujer y contribuyen a perpetuar las discriminaciones en razón de género y la violencia contra la mujer en sus distintas manifestaciones.

La Plataforma de acción, aprobada por la IV Conferencia Mundial sobre la Mujer celebrada en Beijing en 1995 denuncia la constante proyección de imágenes negativas y degradantes de la mujer, así como su desigualdad en el acceso a la tecnología de la información.

En 1996, La Comisión Jurídica y Social de la Mujer de las Naciones Unidas propuso a los Estados la adopción de medias que incorporaran una perspectiva de género en todas las políticas y programas para lograr sensibilizar sobre la función de los medios de comunicación en la promoción de imágenes no estereotipadas de la mujer. Destacan las siguientes:

- Lograr una mayor intervención de la mujer en la adopción **de decisiones en las organizaciones de los medios de comunicación.** Es una realidad que cada vez hay más mujeres que estudian las carreras relacionadas con los medios de comunicación, pero son todavía pocas las que llegan a ocupar puestos directivos.

- **Introducir espacios y programas dedicados a cuestiones que interesen a la mujer que fomenten su participación**. Es significativo que muchas de las publicaciones o revistas para mujeres bajo "disfraces" de "para las mujeres de hoy", "para mujeres independientes" siguen ofreciendo belleza, horóscopos, cuidado de los hijos e hijas, cocina, moda... continuando con una imagen estereotipada de las mujeres y sin tener en cuenta su diversidad. También hay que resaltar los famosos programas "del corazón" y la prensa rosa, en donde se perpetúa esa imagen.
- Lograr un **mayor acceso por parte de las mujeres a las nuevas tecnologías:** la aparición de Internet ha contribuido a que las mujeres puedan difundir información en la red rápidamente y a menor coso, lo que ha fomentado el contacto entre diferentes grupos de mujeres y organizaciones.
- Tratar de **eliminar las imágenes estereotipadas de la mujer, negativas y degradantes,** para ello resulta imprescindible la formación a los/as profesionales de los medios de comunicación en perspectiva de género.

2.6. LENGUAJE SEXISTA

Según un informe elaborado por la Federación de Mujeres Progresistas (Febrero 2002), llamamos "lenguajes sexistas" a "todas aquellas expresiones del lenguaje y la comunicación humana que invisibilizan a las mujeres, las subordinan o, incluso, las humillan y estereotipan". Estas expresiones las encontramos en:

- El lenguaje tradicional y cotidiano: refranes, canciones, chistes, lenguaje coloquial...
- El lenguaje escrito: cuentos, Historia, biografías, libros de texto, literatura...
- El lenguaje de los medios audiovisuales: programas y artículos por su forma y contenido, así como por sus imágenes.
- El lenguaje publicitario: anuncios, spots, carteles, vallas, folletos... tanto por sus imágenes como por sus eslóganes y reclamos.
- Lenguajes "oficiales": instancias, documentos impresos, boletines oficiales, leyes, lenguaje utilizado por los/as parlamentarios/as...

El lenguaje refleja el pensamiento colectivo y transmite la forma de pensar, sentir y actuar de cada sociedad, moldeándola al mismo tiempo con el uso de estereotipos.

Estaríamos ante un lenguaje sexista cuando se emiten mensajes que, debido a su forma o a su fondo, resulta discriminatorio por razón de sexo. La Lengua contribuye a elaborar imágenes negativas de las mujeres y a perpetuar la situación de postergación del sexo femenino. Hablamos como pensamos y pensamos como hablamos, y se nos hace ver como "normal" un lenguaje que invisibiliza a las mujeres.

El lenguaje sexista excluye a las mujeres, dificulta su identificación o las asocia a valoraciones negativos. Su uso es discriminatorio y parcial e impone barreras arbitrarias e injustas al desarrollo personal y colectivo.

En esta línea, la Junta de Andalucía establece el *Acuerdo de 16 de marzo de 2005, de la Comisión General de Viceconsejeros*, por el que se da publicidad a la Instrucción para evitar un uso sexista del lenguaje en las disposiciones de carácter general de la Junta de Andalucía.

En relación con el lenguaje de los medios audiovisuales, el Instituto Andaluz de la Mujer en su publicación *Cómo tratar bien los malos tratos. Manual de estilo para los Medios de Comunicación*, señala una serie de puntos que el público deberíamos observar críticamente para que los Medios de Comunicación los tuvieran en cuenta en los lenguajes empleados y en la elaboración de sus informaciones:

- Ver si las informaciones presentan cada crimen, agresión, asesinato o violación, como un caso aislado, o como un "continuum" de casos.
- Observar si remarcan que los malos tratos son un crimen contra los derechos humanos de las mujeres.
- Analizar si hacen hincapié en que los malos tratos son un aspecto más y no están fuera de la violencia de género.
- Escudriñar si atribuyen, como causa primera o última, el crimen o delito contra la mujer, a un hecho aislado que esgrime el agresor.
- Observar si inciden en la existencia de los malos tratos psíquicos.
- Analizar si emplean adjetivos que victimizan a las mujeres, o si por el contrario los emplean para alabar su coraje y valentía al denunciar los malos tratos que reciben.
- Ver si inciden en la desprotección de las mujeres que denuncian violencia de género.
- Desentrañar si evitan o fomentan la presentación de los asesinatos o malos tratos como resultado de un crimen pasional.
- Analizar si publican la opinión de personas expertas y el testimonio de las implicadas.

- Estudiar si publican noticias sobre los recursos públicos, privados y de ONG, destinados a la prevención y erradicación de la violencia contra las mujeres.
- Observar si realizan un seguimiento de las noticias y de los datos que se dan sobre la violencia de género
- Ver si prestan una especial atención a las imágenes (lenguaje visual/gráfico) que acompañan a los artículos o noticias.

3. IGUALDAD ENTRE MUJERES Y HOMBRES

3.1. IGUALDAD DE DERECHOS

Las mujeres y los hombres son iguales en dignidad humana e iguales en derechos y deberes.

La igualdad entre mujeres y hombres es un **principio jurídico universal reconocido en diversos textos internacionales sobre derechos humanos**, entre los que destaca la Convención sobre la eliminación de todas las formas de discriminación contra la mujer, aprobada por la Asamblea General de Naciones Unidas en diciembre de 1979 y ratificada por España en 1983. En este mismo ámbito procede evocar los avances introducidos por conferencias mundiales monográficas, como la de Nairobi de 1985 y Beijing de 1995.

La igualdad es, asimismo, un principio fundamental en la Unión Europea En 1957, el Tratado constitutivo de la Comunidad Económica Europea consagró el principio de igualdad entre mujeres y hombres. Su artículo 141 exigía igualdad de retribución entre trabajadores y trabajadoras para un trabajo de igual valor. A partir de 1975, una serie de directivas han extendido el principio de igualdad de trato al acceso al empleo, a la formación y a la promoción profesional para eliminar toda discriminación en el mundo del empleo y, a continuación, en los regímenes de seguridad social, los regímenes jurídicos y los regímenes profesionales. La Comisión ha asociado una estrategia comunitaria (2001-2005) a los programas plurianuales de promoción de la igualdad de trato, iniciados en los años 80, con el fin de establecer un marco de acción en el que todas las actividades comunitarias puedan contribuir a lograr el objetivo de suprimir las desigualdades y promover la igualdad entre la mujer y el hombre. En el Tratado de Ámsterdam se intentó superar el ámbito de aplicación del artículo 141, limitado a la retribución, incluyendo la promoción de la igualdad entre el hombre y la mujer. Desde la entrada en vigor del Tratado de Ámsterdam, el 1 de mayo de 1999, la igualdad entre mujeres y hombres y la eliminación de las desigualdades entre unas y otros son un objetivo que debe integrarse en todas las políticas y acciones de la Unión y de sus miembros. Los objetivos de la Unión Europea (UE) en materia de igualdad entre hombres y mujeres consisten en garantizar la igualdad de oportunidades y de trato entre ambos sexos y en luchar contra toda discriminación basada en el sexo.

Actualmente la igualdad entre mujeres y hombres está reconocida a nivel jurídico (igualdad formal o legal), de tal forma que las leyes ofrecen un igual tratamiento a hombres y mujeres, sin embargo, esto no significa que exista una igualdad real. Para que ésta se de es necesario luchar contra las discriminaciones por razón de sexo y fomentar las políticas de igualdad de oportunidades.

3.2. IGUALDAD DE TRATO

Ausencia de toda discriminación, directa o indirecta, por razón de sexo, en los ámbitos económico, político, social, laboral, cultural y educativo, en particular en lo que se refiere al empleo, a la formación profesional y a las condiciones de trabajo.

Según la Ley Orgánica 13/07, de 22 de marzo, para la igualdad efectiva de mujeres y hombres, el principio de igualdad de trato entre mujeres y hombres supone la ausencia de toda discriminación, directa o indirecta, por razón de sexo, y, especialmente, las derivadas de la maternidad, la asunción de obligaciones familiares y el estado civil.

3.3. IGUALDAD DE OPORTUNIDADES

Significa que hombres y mujeres pueden optar y participar libremente en las diferentes esferas de la sociedad, con la misma visibilidad, autonomía y responsabilidad.

Para hacer efectivo (igualdad real) el derecho a la igualdad entre mujeres y hombres (igualdad formal), será necesaria la aplicación del principio de igualdad de trato y oportunidades en las políticas públicas.

La igualdad de oportunidades para las mujeres es algo más que ofrecer las mismas posibilidades, ya que requiere analizar los comportamientos sociales de hombres y mujeres, analizar los obstáculos estructurales sobre los que se asienta la discriminación sexual. Uno de los instrumentos que utilizan los organismos públicos para luchar contra la discriminación y las desigualdades son los Planes de Igualdad de Oportunidades.

TEMA 2

Normativa sobre igualdad. La Igualdad de Género en la Constitución y en el Estatuto de Autonomía para Andalucía. Ley 12/2007, de 26 de noviembre, para la promoción de la Igualdad de Género en Andalucía. Ley 13/2007, de 26 de noviembre, de medidas de prevención y protección integral contra la violencia de género

ÍNDICE

1. **Introducción**

2. **La igualdad de Género en la Constitución Española y en otras normas estatales**

3. **La igualdad de Género en el Estatuto de Autonomía para Andalucía y en otras normas autonómicas**

4. **La Ley 12/2007, de 26 de noviembre, para la Promoción de la Igualdad de Género en Andalucía**

5. **La Ley 13/2007, de 26 de noviembre, de Medidas de Prevención y Protección Integral contra la Violencia de Género**

1. INTRODUCCIÓN

Los pronunciamientos para la eliminación de todas las formas de discriminación hacia la mujer, en el marco de la Organización de las Naciones Unidas, vienen conformados por la Declaración sobre la Eliminación de la Discriminación contra la Mujer de 1967, la Convención para la Eliminación de Todas las Formas de Discriminación contra la Mujer de 1979 y el Comité para la Eliminación de la Discriminación contra la Mujer que tiene como función vigilar la aplicación de la Convención por los Estados que la han suscrito; entre ellos, España. En la Convención se declara que la discriminación contra las mujeres vulnera los principios de igualdad de derechos y de respeto a la dignidad humana, dificultando la plena participación de las mujeres en la vida política, social, económica y cultural.

En esta línea, las cuatro conferencias mundiales sobre la mujer celebradas en el marco de la Organización de las Naciones Unidas -la primera de ellas celebrada en México en el año 1975, y las posteriores: Copenhague 1980, Nairobi 1985 y Pekín 1995-, han contribuido a situar la causa de la igualdad de género en primera línea del debate mundial. La Declaración y la Plataforma de Acción de la IV Conferencia Mundial sobre la Mujer de 1995 han establecido las dos estrategias fundamentales para el desarrollo eficaz de las políticas de igualdad de mujeres y hombres, la transversalidad de género y la representación equilibrada.

Ya en 1957, el Tratado de Roma, en su artículo 119 (hoy 141 en su versión consolidada por el Tratado de Ámsterdam de 2 de octubre de 1997), consagró la aplicación en cada Estado miembro del "principio de igualdad de retribución entre los trabajadores masculinos y femeninos para un mismo trabajo". El Tratado de Ámsterdam, ratificado por Ley Orgánica 9/98 de 16 de diciembre, dice que la Unión Europea tendrá como misión promover la igualdad de oportunidades entre hombres y mujeres, introduciendo este principio en todas las políticas y en todos los programas. Esta nueva formulación supone una transformación cualitativa trascendental en las nuevas formas y modos de hacer política. En el futuro, la promoción de la igualdad de oportunidades entre hombres y mujeres, no es una acción paralela a cualquier acción de gobierno, deberá ser incorporada y tendrá que impregnar toda la acción de gobierno.

También hay que destacar que los artículos 20 y 21 de la Carta de Derechos Fundamentales de la Unión Europea establecen tanto el principio de igualdad ante la ley como la prohibición de discriminación. Además, la Carta contiene un artículo específico, el 23, dedicado a la igualdad entre mujeres y hombres y a las acciones positivas como medidas compatibles con la igualdad de trato. Asimismo, se han aprobado normas comunitarias específicas, como la Directiva 2002/73/CE del Parlamento Europeo y del Consejo, de 23 de septiembre de 2002, relativa a la aplicación del principio de igualdad de trato entre hombres y mujeres en lo que se refiere al acceso al empleo, a la formación y a la promoción profesionales, y a las condiciones de trabajo, y la Directiva 2004/113/CE del Consejo, de 13 de diciembre de 2004, por la que se aplica el principio de igualdad de trato entre hombres y mujeres al acceso a bienes y servicios y su suministro, y la Directiva 2006/54/CE del Parlamento Europeo y del Consejo, de 5 de julio de 2006, relativa a la aplicación del principio de igualdad de oportunidades e igualdad de trato entre hombres y mujeres en asuntos de empleo y ocupación.

Así pues, en el ámbito de la Unión Europea han sido numerosas las directivas, recomendaciones, resoluciones y decisiones relativas a la igualdad de trato y oportunidades entre mujeres y hombres, habiéndose desarrollado igualmente diversos programas de acción comunitaria para la igualdad de oportunidades.

Actualmente se encuentra vigente el Plan de trabajo para la igualdad entre las mujeres y los hombres (2006-2010), que tiene como objetivo hacer avanzar el programa para la igualdad entre hombres y mujeres. Es la continuación de la estrategia marco sobre la igualdad entre hombres y mujeres (2001-2005). En este Plan se definen seis áreas prioritarias de actuación:

1. La misma independencia económica para las mujeres y hombres: Se establecen objetivos en torno a seis puntos clave:
   a) Redoblar los esfuerzos para trabajar la tasa de empleo y desempleo de las mujeres.
   b) Diferencia salarial entre hombres y mujeres.
   c) Escasa representación de las mujeres en el mundo empresarial.
   d) Mayor riesgo de pobreza para las mujeres.
   e) Diferencias entre los riesgos sanitarios de hombres y muje-res.
   f) Combatir la discriminación múltiple, sobre todo contra mujeres inmigrantes y minorías étnicas.
2. La conciliación de la vida privada y la actividad profesional:
   a) Consecuencias negativas para las mujeres de los acuerdos laborales flexibles.
   b) Mejores recursos para conciliar la vida privada y la laboral.
   c) Medidas para incentivar que los hombres asuman responsabilidades familiares.
3. La misma representación en la toma de decisiones: continúa existiendo una subrepresentación de las mujeres en la sociedad civil, en la vida política y en los cargos de poder en la Administración Pública.

4. La erradicación de todas las formas de violencia de género:

   a) La mutilación genital femenina y los matrimonios precoces o forzados son violaciones de los derechos a la vida, a la integridad física y emocional de las mujeres.

   b) Se propone la penalización del tráfico de mujeres con fines de explotación sexual y tratar de disminuir la demanda.

5. La eliminación de los estereotipos sexistas: en la educación, en la cultura, en el mercado laboral y en los medios de comunicación.

6. La promoción de la igualdad de género en la política exterior y de desarrollo.

Para lograr estos objetivos, se proponen unas acciones claves: revisar la legislación vigente sobre igualdad de género en la UE, sensibilización, mejorar las estadísticas y la investigación y otra serie de medidas.

Con motivo de varios acontecimientos se podrá hacer avanzar la causa de la igualdad de género: en 2007, el Año europeo de la igualdad de oportunidades para todos; en 2010, el Año europeo de lucha contra la exclusión y la pobreza, y en 2006, una conferencia ministerial de Euromed sobre la igualdad de género.

La Comisión creará una red de mujeres de la UE en los puestos de responsabilidad económica y política, y una red de organismos de la UE responsables de la igualdad de género. Trabajará en estrecha cooperación con las ONG y los interlocutores sociales.

Los Fondos Estructurales y los otros instrumentos financieros constituyen un importante catalizador para las políticas comunitarias y nacionales en favor de la igualdad entre las mujeres y los hombres, y que la integración de la dimensión de igualdad entre mujeres y hombres tiene por objeto superar las desigualdades estructurales en la organización del trabajo y de la vida familiar, que limitan la participación de numerosas mujeres en el mercado laboral, la formación profesional y la formación a lo largo de toda la vida, así como en la vida pública.

La creación del **Instituto Europeo de la Igualdad de Género** facilitará la recogida y la centralización de los datos, el desarrollo de instrumentos metodológicos y la difusión y el intercambio de mejores prácticas, todo ello en beneficio de una mejora de la promoción del principio de la igualdad entre los hombres y las mujeres.

2. LA IGUALDAD DE GÉNERO EN LA CONSTITUCIÓN ESPAÑOLA Y EN OTRAS NORMAS ESTATALES

La Constitución de 1978 establece de forma expresa en su Art.14 "El derecho a la igualdad y a la no discriminación por razón de sexo. Los españoles son iguales ante la ley, sin que pueda prevalecer discriminación alguna por razón de nacimiento, raza, sexo, religión, opinión o cualquier otra condición o circunstancia personal o social". Otros artículos importantes en esta materia son:

- El **art 9.2.** expresa que " Corresponde a los poderes Públicos promover las condiciones para que la igualdad y la libertad del individuo y de los grupos en que se integra sean reales y efectivas, remover los obstáculos que impidan o dificulten su plenitud y facilitar la participación de todos los ciudadanos en la vida política, económica, cultural y social"; este artículo viene a garantizar el principio de igualdad compensatoria , abordando las desigualdades y da cobertura legítima a las Políticas de Igualdad .

- El **art. 23** establece el derecho de los ciudadanos a acceder a las funciones y cargos públicos en igualdad. Igualmente el **art. 103.3** determina que la ley regulará el acceso a la función pública en base únicamente, a los principios de mérito y capacidad.

- El **art. 32** determina que "el hombre y la mujer tienen derecho a contraer matrimonio con plena igualdad jurídica", estableciendo que la Ley regulara las formas de matrimonio, la edad, la capacidad para contraerlo, los derechos y deberes de los cónyuges así como las causas de separación y disolución.

- El **art. 35.1 CE** establece el derecho al trabajo de todas las personas y dice expresamente: "en ningún caso puede hacerse discriminación por razón de sexo".

En España y siguiendo el espíritu de la amplia legislación comunitaria sobre igualdad, se ha desarrollado una normativa adaptada a nuestro país, conforme a la Constitución Española:

- **Ley 16/83**, que crea el Instituto de la Mujer como organismo autónomo, actualmente adscrito al Ministerio de Trabajo y Asuntos sociales. Encuadrado en la Administración General del Estado, es el organismo responsable de velar y promover la efectiva igualdad entre las personas de ambos sexos.

- **Ley 39/1999**, de 5 de noviembre, para promover la conciliación de la vida laboral y familiar de las personas trabajadoras (BOE n.º 266, de 6/11/99).

- **Ley 27/2003**, de 31 de julio, reguladora de la Orden de protección de las víctimas de la violencia doméstica.

- **Ley 30/2003**, de 13 de octubre, sobre medidas para incorporar la valoración del impacto de género en las disposiciones normativas que elabore el Gobierno. El Gobierno asume la responsabilidad de aportar información sobre la incorporación de la perspectiva de género y la valoración de los efectos que las normas aprobadas van a tener, de forma separada, sobre los hombres y las mujeres, considerando, especialmente, las desigualdades y discriminaciones por razón de sexo (discriminaciones de género) existentes.
- El **Real Decreto 562/2004**, de 13 de abril, por el que se aprueba la estructura orgánica básica de los Departamentos ministeriales crea, dentro del Ministerio de Trabajo y Seguridad social, la Secretaría General de Políticas de Igualdad.
- **Ley Orgánica 1/2004**, de 28 de diciembre de medidas de protección integral contra la violencia de género.
- **Orden PRE/525/2005**, de 7 de marzo, por la que se da publicidad al Acuerdo del Consejo de Ministros por el que se adoptan medidas para favorecer la igualdad entre mujeres y hombres.
- **Ley 39/2006**, de 14 de diciembre, de Promoción de la Autonomía Personal y Atención a las Personas en Situación de Dependencia.
- Con el fin de combatir las manifestaciones de discriminación, directa o indirecta, por razón de sexo y promover la igualdad real entre mujeres y hombres la Ley Orgánica para la Igualdad Efectiva de Mujeres y Hombres **(LOIHEM),** LO 3/2007, de 22 de marzo constituye el marco de desarrollo del principio de igualdad de trato, incorpora sustanciales modificaciones legislativas para avanzar en la igualdad real de mujeres y hombres y en el ejercicio pleno de los derechos e implementa medidas transversales que inciden en todos los órdenes de la vida política, jurídica y social, a fin de erradicar las discriminaciones contra las mujeres.

Esta ley incorpora al ordenamiento español las dos directivas comunitarias más importantes en materia de igualdad de trato y se refiere a la incorporación del principio de igualdad en la generalidad de las políticas públicas en España, tanto estatales, como autonómicas y locales, al atribuir la Constitución al Estado la regulación de las condiciones básicas que garanticen la igualdad de todos los españoles y españolas. Introduce la transversalidad del principio de igualdad de trato entre hombres y mujeres y establece criterios generales de actuación de los poderes públicos:

1. El compromiso con la efectividad del derecho constitucional de igualdad entre mujeres y hombres.
2. La integración del principio de igualdad de trato y de oportunidades en el conjunto de las políticas económica, laboral, social, cultural y artística, con

el fin de evitar la segregación laboral y eliminar las diferencias retributivas, así como potenciar el crecimiento del empresariado femenino en todos los ámbitos que abarque el conjunto de políticas y el valor del trabajo de las mujeres, incluido el doméstico.

3. La colaboración y cooperación entre las distintas Administraciones públicas en la aplicación del principio de igualdad de trato y de oportunidades.
4. La participación equilibrada de mujeres y hombres en la toma de decisiones.
5. La adopción de las medidas necesarias para la erradicación de la violencia de género, la violencia familiar y todas las formas de acoso sexual y acoso por razón de sexo.
6. La consideración de las singulares dificultades en que se encuentran las mujeres de colectivos de especial vulnerabilidad como son las que pertenecen a minorías, las mujeres migrantes, las niñas, las mujeres con discapacidad y las mujeres mayores.
7. La puesta en práctica de los medios necesarios para garantizar el respeto a la diversidad y a la diferencia.
8. La protección de la maternidad, con especial atención a la asunción por la sociedad de los efectos derivados del embarazo, parto y lactancia.
9. El establecimiento de medidas que aseguren la conciliación del trabajo y de la vida personal y familiar de las mujeres y los hombres, así como el fomento de la corresponsabilidad en las labores domésticas y en la atención a la familia.
10. El fomento de instrumentos de colaboración entre las distintas Administraciones públicas y los agentes sociales, las asociaciones de mujeres y otras entidades privadas.
11. El fomento de la efectividad del principio de igualdad entre mujeres y hombres en las relaciones entre particulares.
12. La implantación de un lenguaje no sexista en el ámbito administrativo y su fomento en la totalidad de las relaciones sociales, culturales y artísticas.
13. Todos los puntos considerados en este artículo se promoverán e integrarán de igual manera en la política española de cooperación internacional para el desarrollo.

La Ley se refiere a la generalidad de las políticas públicas en España, tanto estatal como autonómica y locales. La complejidad que deriva del alcance horizontal del principio de igualdad se expresa también en la estructura de la Ley que se ocupa en su articulado de la proyección general del principio en los diferentes ámbitos normativos, y concreta en sus disposiciones adicionales la correspondiente modificación de las muy diversas leyes que resultan afectadas.

La ordenación general de las políticas públicas, bajo la óptica del principio de igualdad y la **perspectiva de género**, se plasma en el establecimiento de criterios de actuación de **todos los poderes públicos** en los que se integra de un modo expreso y operativo, dicho principio; y con carácter específico o sectorial, se incorporan también pautas favorecedoras de la igualdad en políticas específicas como la educativa, la sanitaria, la artística y cultural, de la sociedad de la información, de desarrollo rural o de vivienda, deporte, cultura, ordenación del territorio o de cooperación internacional para el desarrollo.

Los instrumentos básicos para lograr los objetivos propuestos en la ley serán, en este sentido, y en el ámbito de la Administración General del Estado, un **Plan Estratégico de Igualdad de Oportunidades**, la creación de una **Comisión Interministerial de Igualdad** con responsabilidades de coordinación, los **informes de impacto de género**, cuya obligatoriedad se amplía desde las normas legales a los planes de especial relevancia económica y social, y los **informes o evaluaciones periódicos sobre la efectividad del principio de igualdad.**

Merece, asimismo, destacarse que la Ley prevea, con el fin de alcanzar esa igualdad real efectiva entre mujeres y hombres, un marco general para la adopción de las llamadas **acciones positivas**.

El principio de igualdad de trato y oportunidades entre mujeres y hombres informará, con **carácter transversal**, la actuación de todos los Poderes Públicos. Las Administraciones públicas lo integrarán, de forma activa, en la adopción y ejecución de sus disposiciones normativas, en la definición y presupuestación de políticas públicas en todos los ámbitos y en el desarrollo del conjunto de todas sus actividades.

Es importante señalar también el RD 1686/2000 de 6 de octubre que crea el **Observatorio de la Igualdad de Oportunidades entre mujeres y hombres**, órgano colegiado adscrito al Ministerio de Trabajo y Asuntos Sociales, que tiene por objeto la construcción de un sistema de información con capacidad para conocer la situación de las mujeres, respecto a la de los hombres, y el efecto de las políticas institucionales puestas en marcha, para promover la participación de las mujeres, en todos los ámbitos, en un plano de igualdad.

El Real Decreto 1135/2008, de 4 de julio, desarrolla la estructura orgánica básica del Ministerio de Igualdad (BOE de 9 de julio de 2008). Este será el departamento al que le corresponda la propuesta y ejecución de las políticas del Gobierno en temas de igualdad, eliminación de todo tipo de discriminación por razón de sexo, origen racial o étnico, religión o ideología, orientación sexual, edad o cualquier otra condición o circunstancia personal o social, y erradicación de la violencia de género, así como en materia de juventud.

Con esta nueva organización, el Instituto de la Mujer pasa a ser un organismo autónomo que depende del Ministerio de Igualdad, a través de la Secretaría General de Políticas de Igualdad. El Real Decreto 41/2009, de 23 de enero, modifica el Real Decreto 1370/2007, de 19 de octubre, por lo que la Comisión Interministerial de Igualdad entre mujeres y hombres queda adscrita al Ministerio de Igualdad, ejerciendo la presidencia su titular. Así mismo, pasan a depender funcionalmente también del Ministerio de Igualdad: las Unidades de Coordinación contra la Violencia sobre la Mujer y las Unidades de Violencia sobre la Mujer, integradas orgánicamente en las Delegaciones y Subdelegaciones del Gobierno, respectivamente.

Como instrumento para llevar a cabo el principio de igualdad de oportunidades a nivel estatal ha sido aprobado el Plan Estratégico de Igualdad de Oportunidades (2008-2011), que supone el desarrollo del artículo 17 de la LOIEMH. Dicho Plan se inspira en dos principios fundamentales:

1. No discriminación: Realizar acciones reparadoras que mejoren la posición social de las mujeres.
2. Igualdad: Recuperar el valor de la incorporación de las mujeres en paridad para el crecimiento económico y la modernización social.

Entre sus principios rectores se encuentran:

1. Ciudadanía: Redefinición del modelo de ciudadanía.
2. Empoderamiento.
3. Transversalidad.
4. Innovación (científica y tecnológica): herramienta para el cambio social.

Todos estos principios se encuentran relacionados entre sí.

Para llevar a cabo todas las acciones previstas en el Plan se establecen diferentes ejes de actuación:

a) Participación y política social.
b) Participación económica.
c) Corresponsabilidad.
d) Educación.
e) Innovación.
f) Conocimiento.
g) Salud.
h) Imagen.
i) Atención a la diversidad e inclusión social.

j) Violencia.

k) Política exterior y de cooperación para el desarrollo.

l) Tutela del derecho a la igualdad.

También señalar la aprobación reciente por el Gobierno de España del Plan Integral contra la Trata de Seres Humanos con fines de Explotación Sexual (2009-2012) y el Plan de Atención y Prevención de la Violencia de Género en población extranjera inmigrante (2009-2012).

3. LA IGUALDAD DE GÉNERO EN EL ESTATUTO DE AUTONOMÍA PARA ANDALUCÍA Y EN OTRAS NORMAS AUTONÓMICAS

El recientemente aprobado Estatuto de Autonomía para Andalucía recoge en su **artículo 10.2** como uno de los objetivos básicos de nuestra Comunidad Autónoma "la efectiva igualdad del hombre y de la mujer andaluces, promoviendo la democracia paritaria y la plena incorporación de aquélla en la vida social, superando cualquier discriminación laboral, cultural, económica, política o social". Al mismo tiempo, recoge en el **artículo 14** la prohibición de discriminación, especialmente por razón de sexo, al tiempo que permite las acciones positivas a favor de determinados colectivos desfavorecidos.

El **artículo 15** garantiza el principio de igualdad de oportunidades entre hombres y mujeres en todos los ámbitos y el **artículo 16** establece la protección integral de las mujeres víctimas de violencia de género.

Finalmente, el **artículo 38** establece que la "prohibición de discriminación del artículo 14 y los derechos reconocidos en el Capítulo II vinculan a todos los poderes públicos andaluces y, dependiendo de la naturaleza de cada derecho, a los particulares, debiendo ser interpretados en el sentido más favorable a su plena efectividad".

La **Ley 2/88 de 4 de abril de Servicios Sociales de Andalucía** establece, en su artículo 6.6, que "Los Servicios Sociales centrarán su actuación, entre otras áreas, en la prevención y eliminación de cualquier discriminación por razón de sexo, raza o cualquier otra condición o circunstancia personal o social".

Otra normativa autonómica relativa a este tema la encontramos en:

- Ley 10/88 de 29 de Diciembre de presupuesto de la Comunidad Autónoma de Andalucía para 1989, que crea el IAM (Instituto Andaluz de la Mujer) como organismo autónomo de carácter administrativo con personalidad jurídica propia adscrito a la Consejería de Gobernación (actualmente está adscrito a la Consejería para la Igualdad y el Bienestar Social).

- Decreto 1/89 de 10 de enero, por el que se aprueba el Reglamento del IAM, modificado por el Decreto 120/97.
- Decreto 11/92 de 28 de enero, por el que se establece la naturaleza y prestaciones de los Servicios Sociales Comunitarios.
- Decreto 137/2002 de apoyo a las familias andaluzas, conciliación vida familiar vida laboral.
- La Ley 18/03 de 31 de diciembre por la que se establecen medidas fiscales y administrativas, que pretende proporcionar instrumentos para el cumplimiento de los objetivos de la política económica de la Ley de Presupuestos de Andalucía. En el Capítulo VIII hace referencia a las "Medidas en materia de género".
- Ley 6/2006, de 24 de octubre, del Gobierno de la Comunidad Autónoma de Andalucía, en su artículo 18.3, establece la representación equilibrada en las designaciones de las personas integrantes del Consejo de Gobierno.

Recientemente han sido aprobadas dos leyes autonómicas en esta materia:

- Ley 12/2007 de 26 de noviembre para la Promoción de la Igualdad de Género en Andalucía.
- Ley 13/2007 de 26 de noviembre de Medidas de Prevención y Protección Integral contra la Violencia de Género.

Como instrumento para llevar a cabo el principio de igualdad en nuestra Comunidad Autónoma tenemos el *II Plan andaluz de Igualdad de Oportunidades: las mujeres en Andalucía, estrategias para avanzar (1995-97)*.

Este Plan contempla 66 estrategias para la consecución de 21 objetivos, en torno a cuatro ámbitos:

A) Desarrollo democrático. Objetivos

- Difundir la legislación que protege el derecho a la igualdad y vigilar la aplicación de este principio en el ordenamiento jurídico.
- Ampliar los recursos de información a las mujeres para el mejor ejercicio de sus derechos.
- Desarrollar actividades culturales y formativas que amplíen la participación social de las mujeres.
- Desarrollar actuaciones de apoyo formación que ayuden a fortalecer el asociacionismo de mujeres.
- Sensibilizar a la sociedad de la necesidad de que las mujeres y hombres compartan de forma más igualitaria los espacios públicos y privados.
- Fomentar una imagen publica de las mujeres en concordancia a su realidad actual.

B) Desarrollo educativo y cultural. Objetivos

- Desarrollar la investigación y el conocimiento sobre las mujeres, transmitiéndolo a través de la docencia.
- Promover la eliminación de los contenidos discriminatorios en los libros de texto y material didáctico.
- Promover una orientación profesional no sexista, que permita la libre elección de estudios y opciones profesionales del alumnado.
- Incluir la educación afectiva sexual, desde una perspectiva no sexista, en los proyectos de centro.

C) Desarrollo del Bienestar Social. Objetivos

- Acercar la planificación familiar a mujeres y hombres con dificultad de acceso a la información y a los recursos sanitarios.
- Promover una mayor participación y protagonismo de las mujeres en la atención sanitaria al embarazo, parto y puerperio.
- Mejorar el nivel de información de las mujeres sobre la menopausia y garantizar una asistencia sanitaria adecuada en esta etapa de la vida.
- Desarrollar medidas que permitan detectar precozmente el cáncer de mama y cuello uterino.
- Contribuir al bienestar de las mujeres impulsando programas preventivos en materia de salud mental.
- Desarrollar programas dirigidos a mujeres jóvenes embarazadas y establecer ayudas para mujeres con responsabilidades familiares no compartidas.
- Fomentar medidas dirigidas a prevenir la violencia contra las mujeres y desarrollar programas de atención a las mujeres afectadas.

D) Desarrollo económico. Objetivos

- Desarrollar programas de información y orientación laboral que amplíen las opciones profesionales de las mujeres.
- Facilitar el acceso de las mujeres a la formación profesional ocupacional y organizar actuaciones especificas que disminuyan la segregación laboral por razón de sexo.
- Desarrollar medidas de apoyo al empleo y a la actividad profesional y empresarial femenina.
- Profundizar en el conocimiento de las condiciones de trabajo de las mujeres y desarrollar actuaciones que favorezcan la igualdad en las relaciones laborales.

4. LA LEY 12/2007, DE 26 DE NOVIEMBRE, PARA LA PROMOCIÓN DE LA IGUALDAD DE GÉNERO EN ANDALUCÍA

Esta ley tiene como objetivo la consecución de la igualdad real y efectiva entre mujeres y hombres. Para ello debe garantizar la vinculación de los poderes públicos en todos los ámbitos, en el cumplimiento de la transversalidad como instrumento imprescindible para ejercer las competencias autonómicas desde una perspectiva de género. Por lo tanto, el objeto de esta ley será hacer efectivo el derecho de igualdad de trato y oportunidades entre mujeres y hombres en nuestra comunidad.

La Ley se estructura en un Título Preliminar, cuatro Títulos, una disposición adicional, una disposición transitoria, una disposición derogatoria y dos disposiciones finales.

El Título Preliminar establece los conceptos esenciales en materia de igualdad de género y los principios generales que han de presidir la actuación de los poderes públicos en relación con la igualdad de género.

Principios generales

1. La igualdad de trato entre mujeres y hombres, que supone la ausencia de toda discriminación, directa o indirecta, por razón de sexo, en los ámbitos económico, político, social, laboral, cultural y educativo, en particular, en lo que se refiere al empleo, a la formación profesional y a las condiciones de trabajo.
2. La adopción de las medidas necesarias para la eliminación de la discriminación y, especialmente, aquellas que incidan en la creciente feminización de la pobreza.
3. El reconocimiento de la maternidad, biológica o no biológica, como un valor social, evitando los efectos negativos en los derechos de las mujeres y la consideración de la paternidad en un contexto familiar y social de corresponsabilidad, de acuerdo con los nuevos modelos de familia.
4. El fomento de la corresponsabilidad, a través del reparto equilibrado entre mujeres y hombres de las responsabilidades familiares, de las tareas domésticas y del cuidado de las personas en situación de dependencia.
5. La adopción de las medidas específicas necesarias destinadas a eliminar las desigualdades de hecho por razón de sexo que pudieran existir en los diferentes ámbitos.

6. La especial protección del derecho a la igualdad de trato de aquellas mujeres o colectivos de mujeres que se encuentren en riesgo de padecer múltiples situaciones de discriminación.
7. La promoción del acceso a los recursos de todo tipo a las mujeres que viven en el medio rural y su participación plena, igualitaria y efectiva en la economía y en la sociedad.
8. El fomento de la participación o composición equilibrada de mujeres y hombres en los distintos órganos de representación y de toma de decisiones, así como en las candidaturas a las elecciones al Parlamento de Andalucía.
9. El impulso de las relaciones entre las distintas Administraciones, instituciones y agentes sociales sustentadas en los principios de colaboración, coordinación y cooperación, para garantizar la igualdad entre mujeres y hombres.
10. La adopción de las medidas necesarias para eliminar el uso sexista del lenguaje, y garantizar y promover la utilización de una imagen de las mujeres y los hombres, fundamentada en la igualdad de sexos, en todos los ámbitos de la vida pública y privada.
11. La adopción de las medidas necesarias para permitir la compatibilidad efectiva entre responsabilidades laborales, familiares y personales de las mujeres y los hombres en Andalucía.
12. El impulso de la efectividad del principio de igualdad en las relaciones entre particulares.
13. La incorporación del principio de igualdad de género y la coeducación en el sistema educativo.
14. La adopción de medidas que aseguren la igualdad entre hombres y mujeres en lo que se refiere al acceso al empleo, a la formación, promoción profesional, igualdad salarial y a las condiciones de trabajo.

El **Título I** recoge, en su Capítulo I, las acciones para garantizar la integración de la perspectiva de género en las políticas públicas: el informe de evaluación de impacto de género, los presupuestos públicos con enfoque de género, el Plan estratégico para la igualdad de mujeres y hombres, el lenguaje no sexista e imagen pública y las estadísticas e investigaciones con perspectiva de género. En el Capítulo II establece las medidas para la promoción de la igualdad de género en el ámbito de competencias de la Junta de Andalucía, entre las que se adopta el principio de representación equilibrada de mujeres y hombres en los nombramientos de los órganos directivos y colegiados.

El **Título II** establece las medidas para promover la igualdad de género en las políticas públicas de los distintos ámbitos de actuación. En el Capítulo I, se determinan las garantías para asegurar una formación educativa basada en el principio de igualdad entre mujeres y hombres. En el Capítulo II se contempla, en el marco de los Acuerdos de Concertación Social en Andalucía, las medidas destinadas a favorecer el acceso y la permanencia de las mujeres, en condiciones de igualdad, en el empleo. Por su parte, el Capítulo III se refiere a la necesaria conciliación de la vida laboral, familiar y personal. En el Capítulo IV se incluyen medidas en materia de promoción y protección a la salud y bienestar social, y se tienen en cuenta también las necesidades especiales de determinados colectivos de mujeres. El Capítulo V establece políticas de promoción y atención a las mujeres. El Capítulo VI propone la participación social, política y económica de las mujeres. Y en el Capítulo VII se completa este marco de actuaciones con aquellas dirigidas a mejorar la imagen pública de las mujeres.

El **Título III** se ocupa de la organización institucional y coordinación, como estrategia adecuada y necesaria para impulsar, desarrollar y evaluar las acciones y políticas públicas para promover la igualdad de género en Andalucía. La ley crea la Comisión Interdepartamental para la Igualdad de Mujeres y Hombres, en la que estarán representadas todas las Consejerías de la Junta de Andalucía, como órgano colegiado para el seguimiento de las acciones y actuaciones de la Administración de la Junta de Andalucía en materia de igualdad de género, que será presidida por la persona titular de la Consejería competente en materia de igualdad. También establece la creación de Unidades de Igualdad de género en todas las Consejerías de la Junta, el Observatorio de la Igualdad de género, el Consejo Andaluz de Participación de las Mujeres y la Comisión de coordinación de las políticas autonómicas y locales para la igualdad de género.

El **Título IV** se refiere al establecimiento de garantías para la igualdad de género

5. LA LEY 13/2007, DE 26 DE NOVIEMBRE, DE MEDIDAS DE PREVENCIÓN Y PROTECCIÓN INTEGRAL CONTRA LA VIOLENCIA DE GÉNERO

La presente Ley tiene por objeto actuar contra la violencia que, como manifestación de la discriminación, la situación de desigualdad y las relaciones de poder de los hombres sobre las mujeres, se ejerce sobre éstas por el solo hecho de serlo.

Asimismo será objeto de esta Ley la adopción de medidas para la erradicación de la violencia de género mediante actuaciones de prevención y de protección integral a las mujeres que se encuentren en esa situación, incluidas las acciones de detección, atención y recuperación.

A los efectos de la presente Ley se entiende por violencia de género aquella que, como manifestación de la discriminación, la situación de desigualdad y las relaciones de poder de los hombres sobre las mujeres, se ejerce sobre estas por el hecho de serlo.

Comprende cualquier acto de violencia basada en género que tenga como consecuencia, o que tenga posibilidades de tener como consecuencia, perjuicio o sufrimiento en la salud física, sexual o psicológica de la mujer, incluyendo amenazas de dichos actos, coerción o privaciones arbitrarias de su libertad, tanto si se producen en la vida pública como privada.

La Ley se estructura en un Título Preliminar, cuatro Títulos, tres Disposiciones adicionales una Disposición Transitoria y dos Disposiciones finales.

El **Título Preliminar** recoge las disposiciones generales que se refieren al objeto de la Ley, a su ámbito de aplicación, al concepto de violencia de género y a los principios que habrán de regir la actuación de los poderes públicos. Por tanto, con objeto de favorecer la igualdad y prevenir y erradicar la violencia de género, la actuación de los poderes públicos vendrá informada por el principio de accesibilidad a la comunicación, velando de manera especial por la protección y garantía de los derechos de las mujeres con discapacidad o mujeres en situación de especial vulnerabilidad.

El **Título I** establece las **acciones de sensibilización y prevención**.

En el Capítulo I se fomentan las acciones para seguir avanzando en el conocimiento y la investigación de las causas, características y consecuencias de la violencia de género.

En el Capítulo II se pretende, con la elaboración periódica de un plan integral, la acción planificada dirigida a la sensibilización, prevención, detección y protección integral.

En el Capítulo III se determinan las medidas encaminadas a que la educación sea un elemento fundamental de prevención de la violencia y de promoción de la igualdad de mujeres y hombres, atendiendo además a los contenidos curriculares para la resolución pacífica de conflictos.

En el Capítulo IV se recogen las medidas para promover una imagen de las mujeres no discriminatoria, respetando el principio de igualdad de mujeres y hombres, vigilancia de la publicidad sexista y especial atención al tratamiento de la violencia de género.

En el Capítulo V se garantiza la adopción de medidas para la formación y especialización de las personas profesionales que atienden a las mujeres.

El **Título II** desarrolla las **acciones de protección y atención a las mujeres, desde los distintos ámbitos de actuación.**

En el Capítulo I se establecen los derechos de las mujeres afectadas por la violencia de género.

En el Capítulo II se promueven acciones destinadas a la formación en el ámbito de la seguridad y fomento de unidades policiales especializadas para la atención a las mujeres.

En el Capítulo III se determinan las medidas para la detección precoz, atención y seguimiento de las intervenciones realizadas en el ámbito de la salud, así como la necesidad de reforzar la atención psicológica a las mujeres para facilitarles su equilibrio emocional.

En el Capítulo IV se adoptan las medidas necesarias para garantizar una atención jurídica especializada, integral e inmediata.

En el Capítulo V se recogen las medidas de atención social para garantizar a las mujeres el derecho a la información.

En el Capítulo VI se determinan las medidas para la **atención integral** y acogida, consistentes en el desarrollo de un modelo de atención integral dirigido a garantizar la protección, la atención integral multidisciplinar, y la búsqueda de autonomía de las mujeres víctimas de violencia de género.

El **Título III** establece una serie de acciones para la **recuperación integral** de las mujeres.

En el Capítulo I se recogen las ayudas socioeconómicas.

En el Capítulo II se adoptan una serie de medidas tendentes a facilitar el acceso de las mujeres a las viviendas protegidas

En el Capítulo III se fomentan medidas encaminadas a la formación y promoción del empleo y trabajo autónomo de las mujeres, y a la concienciación en el ámbito laboral.

El **Título IV** promueve las acciones para la coordinación y cooperación institucional, como principio básico de una política pública de carácter integral, orientada a sumar los esfuerzos de las instituciones, asociaciones y colectivos que trabajan en la erradicación de la violencia de género

En definitiva, la Ley de Medidas de Prevención y Protección Integral contra la Violencia de Género responde al desarrollo específico de las estrategias contra la violencia de género, y constituye el reconocimiento de los derechos de las mujeres en orden a su protección y atención.

TEMA 3

Transversalidad de género. Concepto de Mainstreaming: enfoque integrado de género en las Políticas Públicas. La Unidad de Igualdad y Género: Funciones. Pertinencia e Impacto de Género en la Normativa: conceptos y objetivos. Comisión de Impacto de Género en los Presupuestos Públicos de la Comunidad Autónoma: objeto y competencias

ÍNDICE

1. INTRODUCCIÓN

Podemos hablar de leyes y derechos de las mujeres como el conjunto de reformas legales que han hecho posible que hoy se pueda hablar de igualdad de derecho formal entre hombres y mujeres. No obstante, la igualdad real está aún lejos de alcanzarse. Por este motivo, la persistencia de la desigualdad entre hombres y mujeres y su reconocimiento por parte de los poderes públicos están dando lugar a un marco normativo referencial y a su vez, ampara la puesta en marcha de medidas de acción positiva.

En los últimos años se han producido cambios muy importantes en la construcción de una sociedad más igualitaria entre hombres y mujeres, pero todavía quedan discriminaciones importantes que superar, especialmente, en relación a:

- La plena integración profesional de la mujer, en condiciones de igualdad con el hombre, y especialmente en los puestos en los que se toman las decisiones más importantes.
- La distribución equilibrada de las responsabilidades domésticas entre hombres y mujeres, que impidan que éstas tengan que realizar una "doble jornada".
- La participación social de las mujeres.
- La erradicación de la violencia que sufren las mujeres.

Para poder lograr una igualdad real de oportunidades entre hombres y mujeres es necesario el impulso que suponen los Planes de Igualdad, como instrumentos en los que se plasma la política a nivel estatal, autonómico y local en dicha materia, fomentando la puesta en marcha de medidas de acción específicas para que sea efectivo el principio de igualdad reconocido legalmente.

2. CONCEPTO DE MAINSTREAMING: ENFOQUE INTEGRADO DE GÉNERO EN LAS POLÍTICAS PÚBLICAS

Según el Grupo de especialistas del Consejo de Europa, el Mainstreaming o Enfoque integrado de género "es la reorganización, la mejora, el desarrollo y la evaluación de los procesos políticos, para incorporar la igualdad de género en todos los campos de actuación, a todos los niveles y en todas las etapas, por los agentes implicados en la toma de decisiones y la puesta en práctica de las políticas".

Las Conferencias Mundiales de las Mujeres de Nairobi (1985) y de Beijing (1995) establecieron una nueva estrategia para trabajar a favor de la igualdad de oportunidades entre mujeres y hombres: Enfoque Integrado de Género o aplicación del principio de Mainstreaming de Género. Con el mainstreaming de género se trata de incorporar una perspectiva o análisis de género en todas las políticas, a todos los niveles y en todas las etapas, por los actores implicados normalmente en la elaboración de políticas.

Este nuevo enfoque conlleva un nuevo modelo de análisis y de intervención basado en detectar, evaluar, explicitar y tomar en consideración las desigualdades entre las condiciones, posiciones, situaciones y necesidades de mujeres y hombres, para planificar intervenciones que reduzcan las desigualdades entre ambos.

La perspectiva o análisis de género es un análisis de la realidad surgido desde el pensamiento feminista para interpretar las relaciones de poder que existen entre mujeres y hombres. Contempla el mundo desde una posición que hace visible el mundo de las mujeres, sus realidades y sus aportaciones y en el que se ponen en paralelo sus derechos con los de los hombres.

La perspectiva de género supone considerar sistemáticamente las diferencias entre las condiciones, situaciones y necesidades respectivas de las mujeres y de los hombres, en las fases de planificación, ejecución y evaluación de todas las políticas. En definitiva exige el compromiso de todo tipo de organizaciones e instituciones para la modificación de la condición y posición de las mujeres, y en trabajar para lograr un sistema sexo-género equitativo, justo y solidario.

Se trata de:

- Modificar la posición de desigualdad y subordinación de las mujeres en relación a los hombres en los campos económico, político, social, cultural y étnico.
- Abordar también los aspectos referidos a la condición de las mujeres, que tiene que ver con las circunstancias materiales inmediatas en las que vive: ingresos, salud, vivienda, etc., con el fin de mejorar las condiciones de su vida cotidiana.

Ambos aspectos, condición y posición, están íntimamente relacionados. El avance de uno puede potenciar al otro, en un proceso dinámico e interactivo.

Esta perspectiva hay que tenerla en cuenta a tres niveles:

- En el hogar, como unidad básica de intervención.
- En la comunidad.
- En las instituciones.

El análisis de género debe ser aplicado en el ciclo de vida de las Políticas Públicas, es decir en:

1. el diseño,
2. la implementación o ejecución,
3. el seguimiento y la evaluación.

Desde la IV Conferencia Mundial sobre la Mujer en 1995 (Pekín), el mainstreaming de género ha sido adoptado como estrategia para la igualdad de género en todos los estados miembros de la Unión Europea. Se aprobó una Declaración en la que se instaba a los Estados a garantizar la igualdad de género definiéndose dos principios de obligado cumplimiento: "Promover la perspectiva de género en la elaboración, aplicación y seguimiento de todas las políticas, medidas y acciones realizadas" (transversalidad) y "Promover el acceso de las mujeres a la toma de decisiones en todas las escalas, fortaleciendo su autonomía y aumentando sus oportunidades" (empoderamiento). En 1996, la Comisión Europea aprobó la Comunicación "Integrar la igualdad de oportunidades entre hombres y mujeres en el conjunto de las políticas y acciones comunitarias" para dar cumplimiento del compromiso recogido en la Plataforma de Acción aprobada en la IV Conferencia Mundial de Pekín. En ella queda definido el principio de Transversalidad como una actuación necesaria a implementar por los Estados Miembros y que está dirigida a integrar la perspectiva de género en todas las políticas y los programas generales. Se entiende que para promover la igualdad no sólo son importantes las medidas específicas a favor de las mujeres (políticas de acción positiva), sino que es necesaria la actuación de manera transversal en todas las acciones y políticas generales. Pasó a convertirse en una prioridad en el diseño de las políticas de la Unión Europea, de tal forma que con la entrada en vigor del Tratado de Ámsterdam, en mayo de 1999, la promoción de la igualdad entre hombres y mujeres, junto a las políticas de protección del medio ambiente, vertebran horizontalmente todas las políticas de la Unión. Una muestra de la firmeza de esta apuesta la constituye la Decisión del Consejo de 20 de diciembre de 2000, por la que se articula la evaluación del impacto en función del sexo en distintos ámbitos de la intervención del marco comunitario.

La transversalidad se convierte en un instrumento para integrar la perspectiva de género en el ejercicio de las competencias de las distintas políticas y acciones públicas, desde la consideración sistemática de la igualdad de género.

En febrero de 1996 la Comisión Europea aprobó la Comunicación "Integrar la igualdad de oportunidades entre hombres y mujeres en el conjunto de las políticas y acciones comunitarias", donde se da forma al **principio de transversalidad**. La transversalidad se define como "una política en la que los esfuerzos de promoción de igualdad **no se limitan a la ejecución de medidas específicas** a favor de las mujeres, sino que **se movilizan** explícitamente -con vistas a la igualdad- **todas las acciones y políticas generales**". Las políticas transversales constituyen un intento de superar las barreras estructurales que impiden el logro de la igualdad entre los géneros. Implican tanto la integración de la igualdad de oportunidades en los proyectos como la implementación de acciones específicas para las mujeres que puedan compensar su situación de desigualdad.

La incorporación de la perspectiva de género en las políticas públicas

El análisis de género permite que las políticas, los programas, estudios o proyectos se formulen teniendo en cuenta las diferencias, la naturaleza de las relaciones entre hombres y mujeres, sus diferentes realidades familiares y sociales, sus expectativas de vida y sus circunstancias económicas y laborales.

Es una herramienta para comprender las demandas diferenciadas de hombres y mujeres con el propósito de dar respuestas más informadas, más eficientes, más focalizadas, más adecuadas, más participativas y más equitativas. Supone poner en duda el hecho de que mujeres y hombres se ven afectados de la misma forma por la acción del Estado y considerar que la acción del Estado puede cambiar los roles culturalmente definidos por medio de las intervenciones de políticas.

Esta perspectiva tiene como **ventajas**:

- Mejora la comprensión de los procesos sociales, económicos y culturales.
- Aumenta la eficiencia y la transparencia.
- Redistribuye mejor los recursos y las oportunidades.
- Promueve la participación ciudadana.
- Ayuda al fortalecimiento de la democracia.

Los **Indicadores de género** son elementos fundamentales en todas las fases de la planificación ya que miden el cumplimiento de los objetivos, de los resultados y de los presupuestos. Pueden ser traducidos en números, descripción de procesos o hechos que indiquen cambios cualitativos de una condición específica o condición dada. Los indicadores de género son instrumentos destinados a medir los efectos de las intervenciones en la situación de las mujeres y en las relaciones de género. Identifican las situaciones más importantes en que se sintetiza y expresan la desigualdad de género a partir del grado de conocimiento o conciencia sobre la misma. Desde un análisis de género deben conducir a una valoración cuantitativa y cualitativa.

Cada uno de los distintos sectores del Estado irá gradualmente avanzando en su propio proceso de institucionalización de la dimensión de género. Es un proceso que evalúa las necesidades diferenciadas y el impacto que produce en hombres y mujeres: la aplicación de políticas, medidas legislativas, el desarrollo de programas o estudios, la ejecución de proyectos u otro tipo de acciones.

Niveles de gravedad de los problemas de género

1. Las **necesidades generales de desarrollo** son aquellas que afectan a las mujeres y los hombres por igual, es decir, que tienen poco impacto en las diferencias de sexo o género y por lo tanto, se ubican en el nivel de gravedad más bajo de los problemas de género. A menudo, se considera que temas como la necesidad de caminos, transporte o agua forman parte de las necesidades generales de desarrollo. Sin embargo, debido a las severas diferencias de género y la división de los roles sociales y económicos de la mayoría de las sociedades, dudo que cualquier necesidad, excepto la del aire, pueda ser catalogada como una necesidad general de desarrollo. No obstante, se podría decir que hay algunas necesidades más generales que otras, en las cuales la discriminación y las diferencias de género son menos graves.

2. Las **necesidades especiales de las mujeres** son las que surgen de las diferencias biológicas o sexuales. Sin duda, pueden ser problemas muy serios desde el punto de vista general, pero no constituyen en sí mismos problemas de género. Algunos ejemplos obvios de esta categoría son la necesidad de maternidades, servicios de cuidado prenatal, etc. Sin embargo, la mayoría de los servicios relacionados con el cuidado de los hijos/as no pertenece a esta categoría porque las responsabilidades de la mujer en este sentido surgen principalmente de la división de género del trabajo más que de los roles biológicos preestablecidos.

3. Las **preocupaciones inherentes al género** son las necesidades que resultan de la división de género de los roles sociales y económicos. Algunos ejemplos de dichas preocupaciones surgen de la actividad doméstica que desempeña la mujer (el cuidado de los hijos/ as, la preparación y producción de los alimentos, etc.). Por ejemplo, es característico de las mujeres el ser más dependientes del medio ambiente natural (la vegetación o la selva) de donde recolectan los alimentos y las medicinas. Este es otro de los motivos por los cuales las mujeres y los hombres tienen perspectivas diversas en cuanto a los problemas de desarrollo y un modo diferente de identificar los que necesitan solución. Un proyecto de desarrollo puede ajustarse a las preocupaciones de género, pero debe abordar las cuestiones relativas a éste.

4. La **desigualdad de género** es el más serio de estos problemas porque a las preocupaciones se suma también la desigualdad de género que deriva del acceso reducido que tienen las mujeres a las prestaciones, las oportunidades y los recursos, en cuyo caso, las mujeres necesitarían más recursos y oportunidades que los hombres.

La transversalidad requiere para ser efectiva que se den una serie de **condiciones previas**:

1. Un compromiso de alto nivel que implique a todos los servicios y a cada una de las políticas o acciones de la Comunidad.
2. Concienciación.
3. Una "estrategia dual" consistente en combinar el principio de transversalidad con medidas de acción positiva y líneas presupuestarias específicas encaminadas a lograr una igualdad de oportunidades.
4. Estructuras de cooperación (ej. Creación de un grupo interservicios para integrar el factor igualdad en los servicios de la Comisión). Puede implicar una redistribución de los recursos.
5. Distribución clara de responsabilidades. Creación de funcionariado de la transversalidad que rinda cuentas a los anteriores equipos señalados.
6. Personas expertas en asuntos de género dentro de cada servicio -o externos a él- que sepan analizar las repercusiones de sus políticas y acciones.
7. Seguimiento y evaluación constantes.

El éxito del principio de transversalidad viene supeditado a la superación de una serie de obstáculos:

1. Número limitado de personal experto en asuntos de "género" y escaso presupuesto para recurrir a personal externo.
2. Concienciación insuficiente sobre asuntos de género en instancias de decisión.
3. Si se quieren alcanzar los objetivos previstos es preciso lograr el apoyo incondicional de los altos mandos, y para ello se llevan a cabo actividades de concienciación encaminadas a garantizar su compromiso. Dicho compromiso depende de que vean claramente las ventajas que la transversalidad ofrece en términos de calidad y eficacia de las políticas.

Metodología

Hasta ahora, el proceso de integración de la estrategia de la transversalidad no ha seguido un orden determinado, predominando todavía las medidas aisladas. Es preciso abordar su aplicación desde un planteamiento más sistemático y global:

1. Introducir la **evaluación del impacto en función del género** en todas las políticas. Analizar si el impacto sobre hombres y mujeres de determinadas políticas es positivo o negativo. Si es negativo, adoptar modificaciones que acaben con la discriminación o que fomenten la igualdad. Para tal fin resulta imprescindible disponer de datos desagregados por sexo.

2. Establecer procedimientos de **control de la dimensión de igualdad**. Con el fin de evitar la implementación de medidas que tengan una influencia negativa sobre el objetivo global de la igualdad de género, se introducen procedimientos de evaluación global.

3. **Formar especialistas en asuntos de género** dentro de cada Dirección General y que se produzca un efecto multiplicador. Es necesario que los expertos comprendan la relación entre igualdad y eficacia.

4. Mantener el **enfoque "dual"**: en el que se tengan en cuenta tanto las políticas específicas como las políticas transversales.

El principio de igualdad de trato y oportunidades entre mujeres y hombres informará, con **carácter transversal**, la actuación de todos los Poderes Públicos. Las Administraciones públicas lo integrarán, de forma activa, en la adopción y ejecución de sus disposiciones normativas, en la definición y presupuestación de políticas públicas en todos los ámbitos y en el desarrollo del conjunto de todas sus actividades.

La Ley 18/2003, de 29 de diciembre por la que se aprueban Medidas Fiscales y Administrativas (BOJA núm.251, de 31 de diciembre) estableció como Medidas en materia de género, la obligatoriedad de un Informe de Evaluación de Impacto de Género de los proyectos de ley y reglamentos que aprobase el Consejo de Gobierno.

En este contexto, se aprobó el Decreto 93/2004, de 9 de marzo, por el que se regula el informe de evaluación de impacto de género en los proyectos de ley y reglamentos que apruebe el Consejo de Gobierno. En él se establecen el objeto, la competencia y el contenido mínimo de estos informes preceptivos en la tramitación de la normativa autonómica.

El Gobierno de la Junta de Andalucía es consciente de la trascendencia de esta nueva perspectiva, y para fomentar su aplicación y extender su práctica a toda la Junta de Andalucía ha aprobado la Ley 12/2007, de 26 de noviembre, para la promoción de la igualdad de género en Andalucía.

3. LA UNIDAD DE IGUALDAD Y GÉNERO: FUNCIONES

La **Unidad de Igualdad y género**, es un organismo creado por el Instituto Andaluz de la Mujer para dotar a la Administración de una estructura de apoyo estable para iniciar y consolidar el proceso de implantación del Mainstreaming de género en Andalucía. La promueven y coordinan tanto desde el Instituto Andaluz de la Mujer como desde la Consejería de Economía y Hacienda, a través de la Dirección General de Fondos Europeos.

Supone una primera experiencia para dotar a los equipos gestores de las políticas de conocimientos y herramientas concretas para integrar la dimensión de género en sus decisiones y actividades, dando así una respuesta eficaz a las recomendaciones de la Comunidad Europea.

La propia Unidad se enmarca en:

- La política de la Comisión Europea para "Integrar la igualdad de oportunidades entre las mujeres y los hombres en el conjunto de las políticas y las acciones comunitarias".
- La inclusión del enfoque de género en los Reglamentos de los Fondos Estructurales, como consecuencia lógica del Tratado de Amsterdam.
- La Estrategia Marco o programa de Acción sobre la estrategia comunitaria en materia de Igualdad entre mujeres y hombres (2001-2005).
- La política, impulsada por el IAM y desarrollada por la Junta de Andalucía para favorecer la implantación de medidas integradoras que garanticen el Enfoque Integrado de Género en la gestión pública.
- El Programa Operativo que desarrolla las políticas financiadas por el Marco Comunitario de Apoyo 2000-2006.

La Unidad de Igualdad y Género se ha creado con la finalidad de facilitar la integración de la perspectiva de género en los sistemas de análisis, seguimiento y evaluación de los planes y programas desarrollados por la Junta de Andalucía en el periodo de programación comunitaria 2000-2006. Tiene una vocación de continuidad, abarcando, al menos, todo el periodo de programación e irá planteándose anualmente objetivos y acciones en función de los resultados y avances conseguidos.

Los objetivos fijados, hasta el momento, han sido:

- Identificar las necesidades y potencialidades de los centros directivos que gestionan medidas del Programa Operativo 2000-2006, en relación con la Integración de la Perspectiva de Género.

- Facilitar a los equipos gestores formación en el Enfoque Integrado de Género como marco de intervención común.
- Ofrecer asesoramiento especializado y permanente a los centros gestores en las materias relacionadas con la Integración de la Perspectiva de Género en su gestión.

Para la consecución de los objetivos fijados la Unidad de Igualdad y Género cuenta con unas **líneas de intervención** definidas:

1. **Sensibilización y formación**:
   - Sensibilización. Para estructurar esta acción se han tenido en cuenta los órganos gestores cuyas intervenciones tienen un impacto directo en personas y los que no, con el fin de poder tratar de forma específica la relevancia de la dimensión de género.
   - Formación. Esta acción se estructura en planes formativos de carácter presencial y semipresencial, con duraciones y contenidos variables, apoyados por procesos de seguimiento y asesoramiento personalizado, a través de la Web elaborada para tal fin.
2. **Difusión**: dar a conocer la existencia de la Unidad de Igualdad y Género y las experiencias que se vayan produciendo.
3. **Elaboración de herramientas**: dirigidas al personal responsable de la planificación de las políticas públicas y al funcionariado (o asimilado) de todos los niveles de la Administración andaluza.
4. **Configuración de grupos productivos de trabajo**: creación de estructuras de reflexión y trabajo productivo que faciliten el análisis de los procesos y permita extraer los procedimientos más eficaces y reales para avanzar en la integración de la perspectiva de género en las políticas generales.
5. **Investigación**: línea de trabajo orientada a responder a la demanda generalizada de disponer de información sobre necesidades de mujeres y hombres, así como la obtención progresiva de información desagregada por sexo.
6. **Coordinación**: una de las dificultades para la integración de la dimensión de género es la escasa coordinación existente entre los órganos competentes, por ello desde la Unidad se establecerán las condiciones necesarias para favorecer el establecimiento de los puentes que permitan el intercambio y el enriquecimiento colectivo.

La Unidad de Igualdad y Género se dirige al personal responsable de la planificación de las políticas públicas y al funcionariado (o asimilado) de todos los niveles de la administración Andaluza:

1. En primer lugar a todas aquellas personas involucradas en la planificación y gestión de las medidas que constituyen el Programa Operativo 2000-2006.
2. En segundo lugar, a todas aquellas interesadas en iniciar o profundizar en la incorporación del Enfoque Integrado de Género a su práctica profesional.
3. Desde la Unidad de Igualdad y Género se ofrecen servicios de formación, asesoramiento especializado, recursos documentales, información sobre buenas prácticas e intercambio de experiencias sobre la Integración de la Perspectiva de Género.

4. PERTINENCIA E IMPACTO DE GÉNERO EN LA NORMATIVA: CONCEPTOS Y OBJETIVOS

Las actuaciones políticas y administrativas (actos, disposiciones y procedimientos), que en un principio parecen no sexistas (o neutras al género) pueden no serlo y suponer impactos muy diferentes sobre mujeres y hombres que van a discriminar a alguno de los grupos mencionados (habitualmente la vida de las mujeres). Esto se debe a que existen desigualdades importantes en las vidas de mujeres y de hombres en la mayoría de las áreas, campos o ámbitos, que sitúa a unas y a otros en condiciones de partida desiguales.

Por ello, el primer paso que hay que realizar ante una intervención política o administrativa es comprobar que el programa, la acción o la normativa en cuestión es pertinente al género, es decir, que su aplicación tendrá efectos diferentes en los grupos humanos a los que se dirige.

La **pertinencia de género** es un modo de aproximarse y analizar una realidad (económica, social, política, legal, organizativa, metodológica, etc.) en el que la variable sexo es el eje principal del análisis que se realiza. Se trata de conocer si dicha variable es relevante, significativa, en la intervención que se va a emprender. Es el primer paso para la integración de la perspectiva de género en las políticas públicas.

La pertinencia de género establece e identifica cuándo una actuación es relevante al género e implica:

- **Análisis sobre el punto de partida**. La realización de un análisis de género previo que debe identificar si la situación y posición de mujeres y de hombres -derivada del rol de género imperante en la sociedad- presenta desequilibrios o desigualdades.

- **Análisis sobre el punto de llegada**. La realización de un análisis sobre los posibles efectos que tiene la actuación sobre mujeres y hombres o sobre la brecha o brechas de género identificadas.
- **Análisis del contenido de la intervención**. La realización de un análisis sobre cómo está descrito o cómo se va a realizar la actuación, con especial atención a la reproducción de roles a través del lenguaje (no sexista), de las imágenes (con rupturas del rol tradicional de género), de los conocimientos transmitidos (inclusivo de conocimientos de las mujeres), etc.

Una intervención es pertinente al género cuando:

- Afecta de manera directa o indirecta a mujeres y hombres, aumentando o manteniendo las brechas de género.
- Afecta a los modelos estereotipados que el rol de género impone a mujeres y hombres en la sociedad.

Un proyecto, programa, medida o intervención es pertinente al género, si al analizarlo se pueden identificar efectos, impactos o resultados, tanto positivos como negativos para la igualdad de oportunidades entre mujeres y hombres. Cuando se detecta la pertinencia, dicha afectación puede ser:

- **Positiva**, porque contribuirá a equilibrar o acortar las desigualdades existentes entre mujeres y hombres en ese terreno de intervención que se propone. En este caso, no habrá que modificar el proyecto, actuación, etc.
- **Negativa** en la igualdad entre mujeres y hombres, porque aumentan las desigualdades. En esta situación se deberá replantear el trabajo.
- **Perpetuadora de la desigualdad**, porque no compensa las desigualdades y contribuye a mantenerlas. En este caso, deberá replantearse el trabajo.

Una actuación será pertinente al género si, de forma directa o indirecta, afecta a personas y/o si tiene efectos sobre el aumento o disminución de la situación de desequilibrio entre mujeres y hombres.

El primer paso de la identificación de la pertinencia es la visibilización de las personas por delante de los recursos (carreteras, ríos, escuelas, bosques, etc.) o de las entidades que tienden a invisibilizarlas (empresas, asociaciones, ciudadanía, etc.).

En segundo lugar, identificar cuál es la posición de estos hombres y estas mujeres y los desequilibrios que existen entre ambos sexos. Es decir, poner de manifiesto que los puntos de partida no son equilibrados (o identificar si lo son) y, bajo este supuesto, justificar intervenciones que favorezcan a las personas más desfavorecidas.

En tercer lugar, identificar que la aplicación de medidas, proyectos o acciones, puede tener un impacto diferencial entre mujeres y hombres como consecuencia de su desequilibrio de partida y que esta intervención puede favorecer (o lo contrario) que las brechas de género (entre mujeres y hombres) disminuyan.

Con la identificación de las personas y de los posibles efectos que sobre ellas tienen las actuaciones públicas, las personas responsables o partícipes de la programación podrán emprender con mayor rigor actuaciones específicas dirigidas a disminuir la brecha de género.

La pertinencia de género implica que la intervención no es neutra al género ya que pone en evidencia que tiene un resultado, un efecto, en la vida de las mujeres y de los hombres que, como se sabe, ocupan posiciones diferentes, por lo que la actuación reducirá, perpetuará o aumentará la desigualdad de esas posiciones. La pertinencia de género sirve para determinar si el programa, proyecto o norma perpetúa o modifica la situación y posición de mujeres y hombres (si éstas se aproximan o se alejan) y, por lo tanto, tiene impacto en la igualdad. Para ello, se abordará este proceso a través de ejemplos que hagan comprensible como, a partir de medidas (programas o políticas más generales), aparentemente neutras al género, es posible determinar que:

- Existen posiciones diferentes de partida entre mujeres y hombres.
- Pueden existir impactos diferentes también sobre mujeres y hombres a causa de la intervención.
- Pueden existir contenidos y acciones, en el planteamiento del proceso, que reproduzcan el rol tradicional de género.

La pertinencia de género se puede determinar a través de:

1. Identificación de mujeres y hombres:
   - Identificar si las medidas afectan directamente a personas.
   - Identificar si las medidas afectan indirectamente a personas.
2. Identificación de la situación y posición de mujeres y hombres:
   - Identificar si realmente mujeres y hombres acceden en igualdad de condiciones.
   - Identificar si existen demandas, necesidades, acceso y control de los recursos desiguales por parte de mujeres y de hombres.

3. Identificación de posibles efectos sobre mujeres y hombres y/o sobre la igualdad:

   – Identificar el resultado sobre el punto de partida de mujeres y hombres, así como sobre la reproducción o transformación del rol de género.

   – Identificar si las actuaciones tienen repercusión positiva o negativa sobre la igualdad.

La Transversalidad del Principio de Igualdad en la fase de programación política y la concienciación de que decisiones políticas que, en principio, parecen no sexistas, pueden tener un diferente impacto en las mujeres y en los hombres, ha originado la necesidad de que todas las medidas legislativas y reglamentarias tengan en consideración la perspectiva de género. Es decir, el impacto que la normativa tendrá sobre las mujeres y los hombres.

Impacto de género en la normativa. Informes de impacto de género

La Ley 30/2003, de 13 de octubre, sobre medidas para incorporar la valoración del impacto de género en las disposiciones normativas que elabore el Gobierno, establece que los proyectos de disposiciones de carácter general y los planes de especial relevancia económica, social, cultural y artística que se sometan a la aprobación del Consejo de Ministros deberán incorporar un informe sobre su impacto por razón de género.

En esta línea, el Gobierno Andaluz incorporó el artículo 139.1 de la **Ley 18/2003, de Medidas Fiscales y Administrativas (Ley de acompañamiento a los Presupuestos 2004)**, en el que se establece la obligatoriedad de incluir en la tramitación de los proyectos de ley y reglamentos que apruebe el Consejo de Gobierno un informe de evaluación del impacto por razón del género.

Artículo 139. Informe de evaluación de impacto de género: "Todos los proyectos de Ley y reglamentos que apruebe el Consejo de Gobierno deberán tener en cuenta de forma efectiva el objetivo de la igualdad por razón del género y del respeto a los derechos de los niños según la Convención de los Derechos del Niño. A tal fin, en la tramitación de las citadas disposiciones, deberá emitirse un informe de evaluación del impacto por razón de género del contenido de las mismas".

En su cumplimiento se aprobó el Decreto 93/2004, de 9 de marzo por el que se regula el Informe de Evaluación de Impacto de Género en los proyectos de Ley y Reglamentos que apruebe el Consejo de Gobierno, que determina que todas las Consejerías y Órganos Directivos de la Junta de Andalucía tienen la obligación de acompañar al procedimiento de elaboración de los proyectos de Ley y Decretos, un Informe de Impacto de Género que deben remitir junto al borrador de la norma al Instituto Andaluz de la Mujer.

Evaluar el impacto en función del género, significa comparar y apreciar en función de los criterios pertinentes:

- Participación de hombres y mujeres.
- Recursos a los que se accede.
- Normas y valores que se priman.
- Derechos que se protegen o vulneran la situación y tendencia que cabría esperar como resultado de la puesta en marcha de las medidas propuestas en la norma que se pretende aprobar.

A través de este nuevo informe preceptivo, se realizan las observaciones relativas a:

- La inclusión de forma efectiva del objetivo de la igualdad por razón de género.
- La utilización de un lenguaje no sexista o discriminatorio para las mujeres y del uso de información institucional no discriminatoria (BOJA n.º 126, de 5 de diciembre de 1992).
- La obligatoriedad de la composición paritaria de los órganos consultivos y de asesoramiento de la Administración -conforme al artículo 140 de la Ley 18/2003, de 29 de diciembre.
- La necesidad de contar con datos estadísticos desagregados por sexo para poder analizar la situación diferenciada de mujeres y hombres en el ámbito de actuación de la norma, y el impacto potencial que las medidas propuestas tendrán sobre esta población. [Ley 8/2002 de 17 de diciembre del Plan Estadístico de Andalucía 2003-2006 (BOJA nº 154 de 31 de diciembre de 2002)].

Artículo 22. Estrategias relacionadas con el conocimiento de Andalucía.

5. COMISIÓN DE IMPACTO DE GÉNERO EN LOS PRESUPUESTOS PÚBLICOS DE LA COMUNIDAD AUTÓNOMA

Los incentivos que introducen las políticas públicas no son neutrales, tienen efectos directos e indirectos sobre las situaciones de desigualdad y, por tanto, deben ser analizados desde una perspectiva que nos permita avanzar en la convergencia de oportunidades entre hombres y mujeres.

El presupuesto de las administraciones públicas asume, desde su posición de privilegio, una responsabilidad singular en el proceso de mainstreaming de género, por ser el instrumento en el que se concentran las decisiones de asignación de ingreso y gasto y en el que se materializan las prioridades del gobierno para cada año.

La Junta de Andalucía a través de la Ley 18/2003, y otras normas de elaboración del Presupuesto ha puesto en marcha, los instrumentos jurídicos necesarios para que nuestra Comunidad Autónoma pueda disponer de unos presupuestos con enfoque de género.

La implementación de políticas de igualdad en todas las políticas públicas a través del Presupuesto de cada ejercicio, es ya un hecho que el Gobierno andaluz se ha propuesto implantar en esta legislatura.

En esta dirección, consciente de que no hay políticas de igualdad sin presupuesto, el artículo 139 de la Ley 18/2003, ha dispuesto la creación de una Comisión de Impacto de Género en los Presupuestos, en el seno de la Consejería de Economía y Hacienda, cuyo contenido se transcribe a continuación:

a) "Todos los proyectos de Ley y reglamentos que apruebe el Consejo de Gobierno deberán tener en cuenta de forma efectiva el objetivo de la igualdad por razón del género y del respeto a los derechos de los niños según la Convención de los Derechos del Niño. A tal fin, en la tramitación de las citadas disposiciones, deberá emitirse un informe de evaluación del impacto por razón de género del contenido de las mismas.

b) A los efectos de garantizar que el Presupuesto de la Comunidad Autónoma sea elemento activo de lo establecido en el punto 1, se constituirá una Comisión dependiente de la Consejería de Economía y Hacienda con participación del Instituto Andaluz de la Mujer, que emitirá el informe de evaluación sobre el citado proyecto. Dicha Comisión impulsará y fomentará la preparación de anteproyectos con perspectiva de género en las diversas Consejerías y la realización de auditorias de género en las Consejerías, empresas y organismos de la Junta de Andalucía.

c) En el plazo máximo de seis meses desde la entrada en vigor de la presente Ley, el Consejo de Gobierno aprobará las normas de desarrollo que regularán dicho informe".

Este órgano depende de la Consejería de Economía y Hacienda, con participación del Instituto Andaluz de la Mujer. Emitirá el Informe de Evaluación de impacto de género sobre el anteproyecto de Ley del Presupuesto. Así, el Presupuesto de la Comunidad Autónoma de Andalucía será un elemento activo en la consecución de forma efectiva del objetivo de la igualdad entre mujeres y hombres.

Funciones de la Comisión:

a) Emitir el informe de evaluación sobre el Anteproyecto de Ley del Presupuesto de cada ejercicio.

b) Fomentar la preparación de anteproyectos con perspectiva de género en las diversas Consejerías.

c) Realizar auditorías de género en las Consejerías, empresas y organismos de la Junta de Andalucía.

TEMA 4

Violencia de género. Concepto y Tipos de Violencia hacia las mujeres. Prevención y Protección Integral. Recursos y Programas específicos en la Comunidad Autónoma de Andalucía

ÍNDICE

1. INTRODUCCIÓN

La violencia de género supone una manifestación extrema de la desigualdad y del sometimiento en el que viven las mujeres en todo el mundo, y representa una clara conculcación de los derechos humanos. La violencia contra las mujeres abarcaría lo que conocemos normalmente por malos tratos (físicos, psicológicos, económicos y sexuales), además de la pornografía, el tráfico ilegal de mujeres, la prostitución y explotación sexual, las agresiones sexuales, el acoso sexual en el trabajo y cualquier otra situación que vulnere los Derechos fundamentales en este terreno como son: la libertad, la integridad y la dignidad de las mujeres.

Son múltiples los esfuerzos realizados para erradicar esta violencia hacia las mujeres dirigida contra las mismas por el mero hecho de serlo. Así, de forma específica, en el seno de la Asamblea General de la Organización de Naciones Unidas se adoptó en 1979 la Convención sobre la eliminación de todas las formas de discriminación contra la mujer (CEDAW). En la misma línea se acordó la Declaración para la Eliminación de la Violencia contra la Mujer en 1993, cuyo artículo 1 es el referente mundial para definir la violencia de género.

En la IV Conferencia Mundial sobre las Mujeres celebrada en Beijing en 1995, se proclama que la violencia contra las mujeres es un obstáculo para la igualdad, el desarrollo y la paz de los pueblos, impidiendo que las mujeres disfruten de sus Derechos Humanos y de sus libertades fundamentales. La violencia contra las mujeres es una expresión de la desigualdad entre hombres y mujeres, basada en la afirmación de la superioridad de un sexo sobre el otro y que afecta a la organización de toda la sociedad. Según la organización patriarcal de la sociedad, ambos sexos hemos desempeñado papeles sociales diferentes: los hombres han estado presentes en todas las esferas, quedando las mujeres relegadas al ámbito doméstico familiar. Esto ha permitido que se tenga un concepto de la mujer como "propiedad del hombre". Afortunadamente esta concepción va cambiando y las mujeres cada vez más se están integrando en otras esferas de la vida.

En el ámbito regional de la Unión Europea también se han realizado importantes actuaciones para lograr la eliminación de la violencia contra las mujeres. El Tratado Constitutivo de la Comunidad Europea reconoce el derecho a la igualdad entre mujeres y hombres, e insta a los Estados partes a que desarrollen políticas específicas para la prevención y punición de la violencia de género

La Decisión Marco del Consejo de la Unión Europea de 15 de marzo de 2001, por la que se propugna un mayor énfasis en la creación y articulación de redes de asistencia a las víctimas supone una orientación de las medidas de atención por parte de los Estados de la Unión Europea, así como en la reciente Decisión número 803/2004/CE del Parlamento Europeo, por la que se aprueba un programa de acción comunitario (2004-2008) para prevenir y combatir la violencia ejercida sobre la infancia, los jóvenes y las mujeres y proteger a las víctimas y grupos de riesgo (programa DAPHNE II).

Actualmente se encuentra vigente el Plan de trabajo para la igualdad entre las mujeres y los hombres (2006-2010), que tiene como objetivo hacer avanzar el programa para la igualdad entre hombres y mujeres. Es la continuación de la estrategia marco sobre la igualdad entre hombres y mujeres (2001-2005). En este Plan, una de sus áreas prioritarias es la erradicación de todas las formas de violencia de género, incluyendo como tal la mutilación genital femenina y los matrimonios precoces o forzados y proponiendo la penalización del tráfico de mujeres con fines de explotación sexual.

En el ámbito estatal, aparte de la Constitución, nos encontramos con una serie de normas que van dando respuesta a la problemática de la violencia de género: Ley Orgánica 11/2003, de 29 de septiembre, de medidas concretas en materia de seguridad ciudadana, violencia doméstica e integración social de los extranjeros, y la Ley 27/2003, de 31 de julio, reguladora de la Orden de Protección para las Víctimas de la Violencia Doméstica. Aunque, sin duda, el instrumento que cumple decididamente con las recomendaciones y directrices internacionales y de ámbito regional europeo es la Ley Orgánica 1/2004, de 28 de diciembre, de Medidas de Protección Integral contra la Violencia de Género, una Ley cuyo objetivo fundamental es actuar contra una violencia que constituye una manifestación clara de la discriminación a través de un enfoque multicausal desde la disposición de medidas en ámbitos muy diversos.

La Comunidad Autónoma de Andalucía asume en su Estatuto de Autonomía un fuerte compromiso en la erradicación de la violencia de género y en la protección integral a las mujeres.

Además, el artículo 10 dispone, en su apartado 1, que la Comunidad Autónoma de Andalucía promoverá las condiciones para que la libertad y la igualdad del individuo y de los grupos en que se integra sean reales y efectivas; removerá los obstáculos que impidan o dificulten su plenitud y fomentará la calidad de la democracia facilitando la participación de todos los andaluces en la vida política, económica, cultural y social. A tales efectos, adoptará todas las medidas de acción positiva que resulten necesarias.

El Gobierno de Andalucía, consciente de que la violencia de género constituye un obstáculo para el pleno desarrollo de las mujeres y de la sociedad, ha destinado importantes recursos para la promoción de la igualdad entre mujeres y hombres, y para la erradicación de la violencia contra las mujeres.

La Ley 10/1988, de 29 de diciembre, de Presupuesto de la Comunidad Autónoma de Andalucía, en su artículo 30, crea el **Instituto Andaluz de la Mujer**, como organismo responsable de "promover las condiciones para que sea real y efectiva la igualdad del hombre y la mujer andaluces, haciendo posible la participación y presencia de la mujer en la vida política, económica, cultural y social, y superando cualquier discriminación laboral, cultural, económica o política de la mujer".

2. CONCEPTO Y TIPOS DE VIOLENCIA HACIA LAS MUJERES

2.1. CONCEPTO

El art. 1 de la Declaración de la Asamblea General de Naciones Unidas de 1993 sobre eliminación de la violencia contra la mujer lo define como:

"Todo acto de violencia basado en la pertenencia al sexo femenino que tenga o pueda tener como resultado un daño o sufrimiento físico, sexual o psicológico para las mujeres, inclusive las amenazas de tales actos, la coacción o la privación arbitraria de la libertad, tanto si se produce en la vida pública como en la privada".

También podemos entender por violencia de género cualquier acto de violencia basada en el género que tenga como consecuencia perjuicio o sufrimiento en la salud física, sexual o psicológica de la mujer.

2.2. TIPOS DE VIOLENCIA HACIA LAS MUJERES

Según lo dispuesto en la reciente ley 13/07 de nuestra Comunidad Autónoma de Andalucía de Medidas de Prevención y Protección Integral contra la Violencia de Género, se pueden distinguir varios tipos:

1. **Violencia física**: cualquier acto de fuerza contra el cuerpo de la mujer, con resultado o riesgo de producir lesión física o daño.
2. **Violencia psicológica**: toda conducta, verbal o no verbal, que produzca en la mujer desvalorización o sufrimiento, a través de amenazas, humillaciones o vejaciones, exigencia de obediencia o sumisión, coerción, insultos, aislamiento, culpabilización o limitaciones en su ámbito de libertad.
3. **Violencia económica**: privación intencionada, y no justificada legalmente, de recursos para el bienestar físico o psicológico de la mujer y de sus hijas e hijos o la discriminación en la disposición de los recursos compartidos en el ámbito de la convivencia de pareja.
4. **Violencia sexual y abusos sexuales**: cualquier acto de naturaleza sexual forzado por el agresor o no consentido por la mujer, abarcando la imposición, mediante la fuerza o con intimidación, de relaciones sexuales no consentidas y el abuso sexual, con independencia de que el agresor guarde o no relación conyugal, de pareja, afectiva o de parentesco con la víctima.

3. PREVENCIÓN Y PROTECCIÓN INTEGRAL

La Ley Orgánica 1/2004, de 28 de diciembre, de Medidas de Protección Integral contra la Violencia de Género establece medidas de protección integral cuya finalidad es prevenir, sancionar y erradicar la violencia de género y prestar asistencia a las víctimas. Pretende erradicar la violencia de género desde las causas mismas que la provocan, es decir, eliminando las situaciones de desigualdad que la generan. Así, un aspecto fundamental se considera la Prevención de la Violencia de género actuando desde las distintas áreas implicadas: Educación, Salud, Servicios Sociales, Publicidad y Medios de Comunicación, Justicia, Fuerzas y Cuerpos de Seguridad... La violencia de género se enfoca de un modo integral y multidisciplinar, comenzando por el proceso de socialización y educación.

Desde la aprobación de la Ley se han puesto en marcha medidas como:

- La creación de la Delegación Especial del Gobierno contra la Violencia sobre la Mujer.
- El Observatorio Estatal de Violencia sobre la Mujer.
- Los Juzgados de Violencia sobre la Mujer.
- Las Unidades Forenses de Valoración Integral.
- Las Fiscalías de Violencia sobre la Mujer.
- Medidas urgentes en la lucha contra la violencia de género: creación de las Unidades de Violencia contra la Mujer en las Subdelegaciones del Gobierno, Servicio de Teleasistencia Móvil, Teléfono Único de información 24 horas (016), etc.
- La aprobación de un Plan Nacional de Sensibilización y Prevención de la Violencia de Género (Diciembre 2006). Dicho Plan contempla la prevención desde sus tres niveles:

  a) Prevención Primaria: cuando el conflicto aún no ha surgido.

  b) Prevención Secundaria: cuando el conflicto está ya presente.

  c) Prevención Terciaria: arbitrando procesos de Protección a la Víctima declarada como tal.

- Programa de Renta Activa de Inserción para desempleadas/os con especiales necesidades económicas y dificultad para encontrar empleo. RAI. (Real Decreto 1369/2006 de 24 de noviembre, BOE 290 de 5 de diciembre). En este programa se establecen medidas para aquellas/os desempleadas/os con especiales necesidades económicas y dificultad para encontrar empleo, que adquieran el compromiso de realizar actuaciones favorecedoras de su inserción laboral. También podrán ser beneficiarias de este programa aquellas mujeres que tengan acreditada la condición de víctima de violencia de género, que quedarán exceptuadas de los requisitos de ser mayor de 45 años y llevar más de 12 meses inscrita como demandante de empleo.

Para lograr la Protección de las mujeres víctimas se han de mejorar los mecanismos de respuesta y actuación frente a la violencia que se ejerce contra la mujer. La LO 1/2004, reconoce a las mujeres víctimas de violencia de género una serie de derechos, que deberán ser garantizados mejorando la información, la accesibilidad y la eficacia de los servicios y programas de intervención y contribuyendo especialmente a evitar situaciones de mayor riesgo.

También señalar la aprobación por el Gobierno de España del Plan Integral contra la Trata de Seres Humanos con fines de Explotación Sexual (2009-2012) y el Plan de Atención y Prevención de la Violencia de Género en población extranjera inmigrante (2009-2012).

En nuestra Comunidad Autónoma de Andalucía se asume un fuerte compromiso en la erradicación de la violencia de género y en la protección integral a las mujeres, tal y como aparece en el **artículo 16 del Estatuto de Autonomía** (las mujeres tienen derecho a una protección integral contra la violencia de género, que incluye medidas preventivas, medidas asistenciales y ayudas públicas). Así la Comunidad Autónoma puede establecer medidas e instrumentos para la sensibilización sobre la violencia de género y para su detección y prevención, así como regular servicios y destinar recursos propios para conseguir una protección integral de las mujeres que han sufrido o sufren este tipo de violencia.

La Ley 10/1998, de 29 de diciembre, de Presupuesto de la Comunidad Autónoma de Andalucía, en su artículo 30 crea el Instituto Andaluz de la Mujer, organismo que va a ser el encargado de promover las condiciones para que sea real y efectiva la igualdad del hombre y la mujer andaluces, superando cualquier tipo de discriminación. Para intensificar las medidas contra la violencia de género, en Andalucía se han desarrollado dos Planes de acción:

- I Plan del Gobierno Andaluz para avanzar en la erradicación de la violencia contra las mujeres (1998-2000).
- II Plan de Acción del Gobierno Andaluz contra la violencia hacia las mujeres (2001-2004).

En la actual Ley 13/2007, de 26 de noviembre, de Medidas de Prevención y Protección Integral contra la Violencia de Género, se establece que se elaborará un Plan integral de sensibilización y prevención contra la violencia de género cada cinco años y desarrollará las siguientes estrategias de actuación:

a) Educación, con el objetivo fundamental de incidir, desde la etapa infantil hasta los niveles superiores, en la igualdad entre mujeres y hombres y en el respeto de los derechos y libertades fundamentales, dotando de los instrumentos que permitan la detección precoz de la violencia de género.

b) Comunicación, cuya finalidad esencial es sensibilizar a mujeres y hombres, modificar los modelos y actitudes, mitos y prejuicios sexistas, y concienciar a la sociedad sobre la violencia de género como una problemática social que atenta contra nuestro sistema de valores.

c) Detección, atención y prevención de la violencia de género, prestando especial consideración a los colectivos de mujeres más vulnerables.

d) Formación y especialización de profesionales, con el objetivo de garantizar una formación que les permita la prevención, la detección precoz, la atención, la recuperación de las víctimas y la rehabilitación del agresor.

e) Coordinación y cooperación de los distintos operadores implicados en la erradicación de la violencia de género, la no victimización de las mujeres y la eficacia en la prestación de los servicios.

También establece la Protección Integral a las mujeres víctimas de violencia de género, concretamente proclama una serie de derechos como:

a) Derecho a la información.

b) Derecho a una atención especializada, que incluye:

   – La atención social integral.

   – La acogida en los centros especializados dependientes de la Junta de Andalucía.

   – La asistencia sanitaria y psicológica especializada.

   – La asistencia jurídica especializada

c) Derecho a la intimidad y privacidad.

d) Derecho a la escolarización inmediata de los hijos e hijas.

La Administración de la Junta de Andalucía garantizará la atención y acogida inmediata a aquellas mujeres y a los menores a su cargo, que se encuentren en una situación de emergencia, como consecuencia de la violencia de género. Asimismo, facilitará la información, asesoramiento jurídico y apoyo psicológico necesario, así como aquellos recursos de atención que se precisen en cada caso particular

La atención integral especializada y multidisciplinar comprenderá una intervención con las mujeres y menores a su cargo, basada en un sistema coordinado de servicios, recursos, y de ayudas económicas y sociolaborales, de acuerdo con las siguientes características:

a) Especializados.

b) Multidisciplinares, que implicará:

   1.º Información, asesoramiento y seguimiento jurídico.

   2.º Apoyo social.

3.º Atención psicológica.

4.º Apoyo a la inserción laboral.

5.º Atención a los hijos e hijas y menores que estén bajo su guarda y custodia.

6.º Seguimiento de las reclamaciones de los derechos de la mujer.

c) Accesibles, que supondrá la adaptación de las estructuras y los servicios que se proporcionen a las mujeres con discapacidad y a las mujeres inmigrantes.

Para garantizar la seguridad de las mujeres víctimas de violencia de género, la ley establece que los poderes públicos elaborarán planes de colaboración que garanticen la ordenación de sus actuaciones en la prevención, asistencia y persecución de los actos de violencia de género, que deberán implicar a las Administraciones sanitarias, la Administración de justicia, las Fuerzas y Cuerpos de Seguridad y los servicios sociales y organismos de igualdad. También se arbitrará un Plan de Seguridad Personal para la mujer.

4. RECURSOS Y PROGRAMAS ESPECÍFICOS EN LA COMUNIDAD AUTÓNOMA DE ANDALUCÍA

Antes de pasar a analizar los recursos y programas específicos para la mujer en la administración autonómica, vamos a hacer un recorrido por el sistema público de servicios sociales en Andalucía.

Los servicios sociales se enmarcan dentro de la política de bienestar social como sistema público de protección social. Las Comunidades Autónomas han asumido las competencias en esta materia y han ido desarrollando las leyes de Servicios Sociales. En Andalucía tenemos la Ley 2/88, de 4 de abril que extiende su acción protectora a todos los ciudadanos andaluces (según art. 3 "Tendrán derecho a los Servicios Sociales todos los residentes en Andalucía y los transeúntes no extranjeros", así mismo, los extranjeros, refugiados y apátridas residentes en la Comunidad Autónoma podrán beneficiarse de este derecho de conformidad con las normas, convenios y tratados internacionales), reconociéndoles el derecho a los servicios sociales y previendo, al mismo tiempo, una acción más específica, a través de los servicios sociales especializados, para aquellos ciudadanos menos favorecidos socialmente, entre ellos se podrían encontrar los colectivos de mujeres en especial dificultad social. El sistema público de Servicios Sociales se rige, entre otros, por los principios de planificación, coordinación y descentralización, reconociéndose en la ley las competencias de las distintas Administraciones públicas y reservándose la Administración autonómica las funciones de planificación, coordinación, supervisión y en control.

El sistema público de servicios sociales queda estructurado de la siguiente forma:

- **Servicios sociales comunitarios**, que son de competencia municipal y entre cuyas áreas de actuación se encuentra la **prevención y eliminación de cualquier discriminación por razón de raza, sexo o cualquier otra condición o circunstancia personal o social, por lo que se incluye la discriminación hacia la mujer.**
- **Servicios sociales especializados**: son aquellos que se dirigen hacia determinados sectores de la población que, por sus condiciones o circunstancias, necesitan de una atención específica, y se estructuran territorialmente de acuerdo con las necesidades y características de cada uno de ellos. **Entre estos sectores se encontrarían los colectivos de mujeres en especial dificultad social.**

Además, existen otras instituciones que prestan servicios sociales para la mujer en Andalucía, especialmente a ciertos colectivos más desfavorecidos como pueden ser las mujeres inmigrantes. Así, a **Dirección General de Servicios Sociales e Inclusión de la Consejería para la Igualdad y Bienestar Social** realiza convocatorias anuales de financiación de programas de formación profesional compensatoria, así como de subvenciones a ONGs de inmigrantes y proinmigrantes. También se pone en marcha una red de albergues, pisos tutelados a través de la convocatoria anual de subvenciones con convenio del Ministerio de Trabajo e Inmigración. También desde el Instituto Andaluz de la Juventud, se realiza una convocatoria anual de subvenciones para asociaciones juveniles que facilita la integración de la juventud inmigrante en la vida social. Por otra parte, el IAM establece una convocatoria de ayudas económicas anuales a las asociaciones de mujeres, entre ellas las de mujeres inmigrantes.

Teniendo en cuenta el mandato constitucional y las competencias transferidas en esta materia a través del Estatuto de autonomía para Andalucía, el Gobierno andaluz ha aprobado diferentes planes que establecen las actuaciones con la mujer en Andalucía, concretamente debemos mencionar los Planes de Igualdad de Oportunidades y, más específicamente, los Planes para la erradicación de la violencia contra las mujeres.

Planes de Igualdad de Oportunidades:

- **I Plan de Igualdad de oportunidades para mujeres (1990-1992)**: Contemplaba 200 acciones basándose en el principio de no discriminación y en el principio de igualdad ante la ley. Entre sus objetivos destacaban: mayor conocimiento sobre la situación de las mujeres, sensibilizar a la sociedad en materia de igualdad, introducir la coeducación, mejorar los servicios de salud destinados a mujeres, crear una red de centros de información a la mujer, prevenir y atender las situaciones de violencia, crecimiento del movimiento asociativo, política de empleo y formación para la mujer e incorporación de instituciones a las políticas de igualdad.

- **II Plan Andaluz para la Igualdad de las Mujeres (1995-1997)**, contemplaba 66 acciones destinadas principalmente a potenciar el empleo de las mujeres, favoreciendo su incorporación al mercado de trabajo y su diversificación profesional. Entre los objetivos y actuaciones destacaban: Área de desarrollo democrático, área de desarrollo educativo y cultural, área de desarrollo económico y área de desarrollo del Bienestar Social.

Planes para erradicación de la violencia contra las mujeres:

- **Plan de Actuación del Gobierno andaluz para avanzar en la erradicación de la violencia contra las mujeres (98-99).** Este plan establece la elaboración de un Procedimiento de Coordinación en los ámbitos judicial, policial, sanitario, social y de los servicios de información a la mujer, implicados en la atención a las mujeres que sufren violencia.
- **Plan de acción del Gobierno andaluz contra la violencia hacia las mujeres (01-04), aprobado por Consejo de Gobierno el 6 de noviembre de 2001**. Comprende 20 medidas de actuación estructuradas en torno a tres áreas: Prevención y sensibilización, Atención a las víctimas y Coordinación Institucional.
  * Las medidas de Prevención y Sensibilización van destinadas a la sociedad en su conjunto y, especialmente, al ámbito educativo y a los medios de comunicación.
  * Las medidas de Atención a las Víctimas pretenden englobar la atención jurídica de las mujeres, el restablecimiento de sus derechos, proteger a las víctimas y la reparación que sobre las mismas hayan podido originar los malos tratos. Entre ellas destacan: Atención jurídica y social.
  * Entre las Medidas de Coordinación Institucional destacan: Constitución de la **Comisión Andaluza contra la Violencia hacia las mujeres** y la creación de la **Red de Municipios contra la Violencia hacia las mujeres.**

Vamos a pasar ahora a analizar los recursos y programas para la mujer víctima de violencia de género existentes en Andalucía.

Dentro de la Junta de Andalucía, la Consejería para la Igualdad y Bienestar Social tiene, entre sus competencias, el desarrollo, coordinación, promoción de iniciativas e impulso de las actuaciones que se realicen en materia de violencia de género, sin perjuicio de las competencias atribuidas a otras Consejerías por la Ley 13/2007, de 26 de noviembre, de medidas de prevención y protección integral contra la violencia de género.

Dirección General de Violencia de Género

Según el Decreto 122/2008, de 29 de abril, por el que se establece la estructura orgánica de la Consejería para la Igualdad y Bienestar Social, a la Dirección General de Violencia de Género le corresponden con carácter general, las funciones atribuidas en el artículo 30 de la Ley 9/2007, así como las que se deriven de la Ley 13/2007, de medidas de prevención y protección integral contra la violencia de género y, de forma especial, las siguientes funciones:

a) La coordinación de todas las actuaciones en materia de violencia de género que sean competencia de nuestra Comunidad Autónoma.

b) La gestión de los recursos sociales específicos de atención a las mujeres víctimas de violencia de género en Andalucía.

c) El análisis, evaluación y seguimiento de la efectividad de las medidas destinadas a la prevención y erradicación de la violencia de género.

d) La elaboración y coordinación del Plan integral de sensibilización y prevención contra la violencia de género.

e) La colaboración en materia de seguridad, asistencia y persecución de violencia de género.

f) La colaboración con las Corporaciones Locales, organizaciones y asociaciones de mujeres en materia de violencia de género.

g) La colaboración y coordinación de acuerdos con entidades y organizaciones que desarrollen actuaciones en materia de violencia de género.

h) El impulso en la formalización de acuerdos de coordinación y cooperación entre las Administraciones Públicas e Instituciones con competencias en materia de violencia de género.

i) Elaboración del informe anual sobre el conjunto de actuaciones llevadas a cabo por las Consejerías implicadas en la lucha contra la violencia de género para su presentación al Parlamento.

Instituto Andaluz de la Mujer

Con la creación del IAM por Ley 10/88, de 29 de diciembre, se constituye un organismo autónomo, actualmente dependiente de la Consejería para la Igualdad y el Bienestar Social, cuya finalidad es promover la igualdad de derechos y oportunidades entre mujeres y hombres con el objetivo de avanzar hacia un modelo de sociedad que incorpore nuevas formas de convivencia más democráticas e igualitarias. Actualmente es el organismo encargado en coordinar las políticas de igualdad en nuestra Comunidad. Para poner en marcha los objetivos previstos con la creación del IAM, la Junta de Andalucía comienza a consolidar toda una red de dispositivos públicos para la atención a la mujer en toda la Comunidad autónoma, como son:

- Los **Centros de Atención a la Mujer**, existentes en cada una de las capitales andaluzas. Se establecen por medio de un convenio entre el IAM y las Diputaciones Provinciales (excepto el de Sevilla que depende exclusivamente del IAM). Corresponde a los Centros de la Mujer: coordinar los programas de Igualdad de oportunidades, desarrollar y ejecutar programas de información, asesoramiento e intervención para las mujeres en los ámbitos jurídicos, de empleo y sociales, así como impulsar y promover y articular la participación de las mujeres a través de sus asociaciones.

  La estructura del IAM la forman 8 Centros Provinciales de la Mujer ubicados en las capitales de cada una de las provincias andaluzas. Estos centros ofrecen información sobre los derechos y oportunidades de las mujeres y proporcionan atención y asesoramiento para actuar en caso de discriminación en las siguientes materias:

  * Derechos de las mujeres.
  * Crisis de pareja.
  * Impago de pensiones e incumplimiento del régimen de visitas.
  * Violaciones, agresiones sexuales y malos tratos.
  * Embarazos de adolescentes.
  * Sexualidad, anticoncepción, interrupción voluntaria del embarazo.
  * Orientación laboral, formación profesional y creación de empresas.
  * Discriminación laboral y acoso sexual.
  * Asociaciones de Mujeres, servicios, programas y actividades del IAM.
  * Publicaciones, estudios, documentación de género, programas coeducativos.
  * Lugar de encuentro para las mujeres.

  Para ello cuentas con las siguientes áreas:

  * Área de información.
  * Área de psicología.
  * Área jurídica.

* Área de atención social.
* Área de empleo y formación.
* Área de participación y programas.
* Programas (VIVEM, OPEM, CUALIFICA, mujer y pesca, mujer y agricultura).

Centros Municipales de Información a la Mujer. Dentro de una **intervención específica con la mujer**, hay que señalar cómo, a raíz de la aprobación del II Plan Andaluz para la Igualdad de las mujeres de 17 de enero de 1995, comienzan a crearse los Centros Municipales de Información a la Mujer, a través de subvenciones del IAM a las Corporaciones locales, según lo establecido en el objetivo nº 2 del Plan (ampliar los recursos de información a las mujeres para el mejor ejercicio de sus derechos) y que se materializa con la firma de **Convenios de Colaboración**. Están destinados a la **información y asesoramiento en temas jurídicos, psicológicos, sociales y/o laborales que permita a las mujeres el desarrollo y ejercicio de sus derechos**. Además realizan **programas específicos de desarrollo personal, educativo y de salud, de orientación profesional y laboral**. Suelen ser fundamentalmente de dependencia municipal. Se trata de un **servicio específico de ámbito local o comarcal** desde donde se articulan intervenciones dirigidas a las mujeres a través de la información y el asesoramiento, la sensibilización, el fomento de la participación y acercamiento de la mujer a las instituciones.

Desde los Centros y Servicios de atención a la Mujer se lleva a cabo, de forma gratuita, una intervención especializada y multidisciplinar de asesoramiento, apoyo y recuperación integral de las mujeres, así como de prevención y detección de la violencia de género.

Los Centros Municipales de Información a la Mujer (CIM), subvencionados anualmente por el IAM a través de las convocatorias de subvenciones. Andalucía dispone actualmente de un total de **165 Centros Municipales**. Los objetivos y el funcionamiento de estos centros los desarrollaremos en el siguiente apartado dedicado a la Administración local.

- **Teléfono 900.200.999 de información a la mujer**: se trata de un servicio puesto en marcha por el IAM para toda la Comunidad Autónoma, que tiene carácter gratuito. Ofrece servicio permanente y funciona las 24 horas todos los días del año. Facilita información sobre servicios, programas y actividades del IAM, sobre formación, autoempleo. Asesoramiento jurídico, información sobre sexualidad... Además, a través de él se ofrece ayuda en caso de sufrir algún tipo de violencia de género e incluso puede proporcionar acogimiento inmediato en casos urgentes. El teléfono 900.200.999 ofrece los siguientes servicios:

a) Informa a las mujeres de los recursos existentes en materia de violencia de género y del acceso a los mismos.

b) Gestiona la atención y acogida de emergencia.

c) Ofrece asesoramiento jurídico sobre los derechos que asisten a las mujeres afectadas por la violencia de género y de los procedimientos judiciales establecidos para garantizar sus derechos.

– **Servicio Integral de Atención y Acogida para las mujeres víctimas de violencia de género.** Lo constituyen Centros del Instituto Andaluz de la Mujer para atender y acoger con carácter temporal a las mujeres en situación de violencia de género y a sus hijas e hijos. Ofrecen una acogida inmediata las 24 horas del día, todos los días del año, facilitando apoyo social, atención psicológica y asesoramiento jurídico especializado por su equipo técnico multidisciplinar.

La finalidad que se persigue es ofrecer la protección y el apoyo necesario que garantice la seguridad y bienestar que permita lograr su recuperación personal.

Según las características del caso que atiendan y de la urgencia de los mismos, se decide el ingreso de la mujer de acuerdo a las siguientes modalidades:

* **Centros de emergencia**: son centros en los que de manera temporal se presta atención integral y protección a las mujeres en situación de violencia de género y a los hijos e hijas que les acompañan, garantizándoles una acogida inmediata. En ellos se da cobertura a las necesidades de protección y seguridad.

* **Casas de acogida**: son centros residenciales configurados por unidades independientes de alojamiento y espacios de uso común, permitiendo una atención integral con la suficiente autonomía para la familia.

  En estos se ofrece acogida a las mujeres y las/os menores que las acompañan, en los que se ofrece protección y seguridad garantizándoles una atención integral a través de la programación de aquellas intervenciones sociales, psicológicas y jurídicas necesarias para que las mujeres sean capaces de superar la violencia padecida.

  Son centros residenciales del Instituto Andaluz de la Mujer configurados por unidades independientes que ofrecen acogida a las mujeres y menores que les acompañen, garantizando una atención integral, programándose aquellas intervenciones sociales, psicológicas y jurídicas necesarias para que las mujeres sean capaces de superar la violencia padecida.

* **Pisos tutelados**: son un servicio de viviendas unifamiliares independientes, cedidas temporalmente. Ubicadas en edificios y zonas normalizadas. Están destinadas a ofrecer una vivienda temporal a las mujeres víctimas de violencia de género y a sus hijas e hijos, hasta que dispongan de medios con los puedan vivir de forma autónoma. El acceso a este recurso se llevará a cabo después de haber pasado por una casa de acogida y si su situación así lo aconseja.

En esta fase de actuación se continuará prestando un apoyo integral a la mujer y menores que le acompañan desde el equipo de profesionales de la Casa de Acogida.

A todos estos centros se accede:

* A través de las Direcciones Provinciales del Instituto Andaluz de la Mujer.
* A través del teléfono 900.200.999, que es un servicio telefónico de emergencia de llamada gratuita, que funciona las 24 horas, todos los días del año.

Asimismo, las Fuerzas y Cuerpos de Seguridad del Estado, los Servicios Sociales y Sanitarios, los Juzgados, los Centros Municipales de Información a la Mujer (CMIM), los Puntos de Información a la Mujer (PIM) o cualquier otra institución que trabaje de manera directa o indirecta con mujeres víctimas de violencia de género podrán derivar los casos que atiendan a través de los Centros Provinciales de la Mujer y la línea 900 200 999 hacia los recursos de atención y acogida.

Servicio de asesoramiento jurídico "on-line" sobre violencia contra las mujeres, que ofrece información sobre los derechos y las acciones legales que asisten a las víctimas de la violencia contra las mujeres.

– **Servicio de Atención Psicológica grupal para mujeres víctimas de violencia**. Se desarrolla en dos ámbitos:

1. **Intervención psicológica grupal con mujeres víctimas de violencia de género**. El Instituto Andaluz de la Mujer, a través del departamento de Psicología de los Centros Provinciales, desarrolla un programa de intervención psicológica grupal con mujeres víctimas de violencia, en colaboración con los Colegios Oficiales de Psicología de Andalucía Oriental y Occidental.

   Este programa tiene como finalidad facilitar a las mujeres que llegan a los Centros Provinciales del IAM la atención psicológica necesaria, mediante el desarrollo de grupos y talleres a realizar en las capitales de provincia de Andalucía, en función de la problemática que la mujer presente.

Se pretende dotar a las mujeres que están o han estado inmersas en una relación de pareja conflictiva, de estrategias, instrumentos y técnicas que les permitan afrontar mejor su situación, recuperarse emocionalmente, mejorar su autoestima y desarrollar su independencia emocional.

2. **Atención psicológica grupal a mujeres a desarrollar en el ámbito municipal**. El programa de intervención psicológica grupal con mujeres víctimas de violencia de género se desarrolla en el ámbito municipal de Andalucía a través de la red de Centros Municipales de Información a la Mujer (CMIM) con que cuenta el Instituto Andaluz de la Mujer en los municipios de más de 20.000 habitantes, en colaboración con los Colegios de Psicología de Andalucía.

De esta forma se complementa, la atención psicológica que se venía prestando a mujeres en el ámbito municipal de aquellos Centros Municipales de Información a la Mujer que ya contaban con departamento de Psicología entre su personal.

El objetivo que se pretende, además de evitar su desplazamiento a los Centros Provinciales del Instituto Andaluz de la Mujer, es facilitar a las mujeres atendidas en los CIM y sus zonas de referencia, la atención e intervención psicológica precisa.

Asimismo, dotar a las mujeres que están o han estado inmersas en una relación de pareja conflictiva, de estrategias, instrumentos y técnicas que les permitan afrontar mejor su situación, recuperarse emocionalmente, mejorar su autoestima y desarrollar su independencia emocional.

Otros servicios y programas:

- Servicio para la mejora de la Empleabilidad y la Igualdad entre Hombres y Mujeres.
- Servicio para el fomento del espíritu empresarial de las Mujeres.
- Servicio de defensa legal en casos de discriminación laboral.
- La iniciativa comunitaria Equal.
- Servicio de formación y acompañamiento al empleo de mujeres que han sufrido violencia doméstica. CUALIFICA.
- Formación de mujeres rurales.
- Feria internacional de empresas de mujeres.
- **Ayudas económicas del Instituto Andaluz de la Mujer para mujeres víctimas de violencia de género. (Orden de 7 de julio de 2005, BOJA 141 de 21 de julio)**. Estas ayudas económicas están dirigidas contribuir a la recuperación psicosocial y facilitar la autonomía de las mujeres víctimas de violencia de género acogidas en el Servicio de Atención y Acogida del Instituto Andaluz de la Mujer, que carezcan de ingresos económicos o estos sean inferiores al Salario Mínimo Interprofesional.

- **Ayudas para mujeres víctimas de violencia de género que acrediten insuficiencia de recursos y especiales dificultades para obtener un empleo. (Orden de 5 de septiembre de 2006, BOJA 184 de 21 de septiembre]**. Estas ayudas van dirigidas facilitar la integración social de aquellas mujeres víctimas de violencia de género que acrediten unas ingresos que no superen el 75% del Salario Mínimo Interprofesional y que debido a su edad, falta de preparación general o especializada y circunstancias sociales tengan especiales dificultades para obtener un empleo.

Procedimiento de Coordinación Institucional para la Prevención de la violencia de género y Atención a las víctimas en Andalucía, suscrito el 24 de Noviembre de 2005 en presencia del Presi-dente de la Junta de Andalucía, por el Delegado del Gobierno en Andalucía, la Consejera de Gobernación, la Consejera de Justicia y Administración Pública, la Consejera de Salud, la Consejera para la Igualdad y Bienestar Social, el Presidente del Tribunal Superior de Justicia de Andalucía, la Fis-cal de sala delegada contra la violencia sobre la mujer, y el Presidente de la Federación Andaluza de Municipios y Provincias (FAMP), contiene los compromisos adquiridos por tales instituciones para combatir la violencia de género en Andalucía. Sus objetivos son:

a) Garantizar los derechos de las mujeres víctimas de violencia de género exigibles ante las Administraciones Públicas y así asegurar un acceso rápido, transparente y eficaz a los servicios establecidos al efecto.

b) Incidir en la actuación de las Administraciones Públicas implicadas conforme a los Principios de: Cooperación, Coordinación y Colaboración.

c) Dar a conocer las Instancias con competencias específicas en atención y prevención de la violencia de género.

Las Oficinas de Asistencia a las Víctimas de Delitos

Son un servicio público y gratuito implantado por el Ministerio de Justicia de acuerdo con la Ley 35/1995, de 2 de diciembre, de ayudas y asistencia a las víctimas de delitos y contra la libertad sexual (Boletín Oficial del Estado de 12 de Diciembre de 1995). En nuestra Comunidad Autónoma tenemos el **Servicio de Atención a Víctimas de Andalucía (SAVA)** que depende de la Consejería de Justicia y Administración Pública. Se trata de un servicio público, universal y gratuito, que pretende dar una respuesta integral (jurídica, psicológica y social) a la problemática que surge en toda persona víctima de un ilícito penal que solicite voluntariamente ser atendida. El objetivo fundamental del SAVA es paliar los efectos de la victimización secundaria, es decir, evitar que el paso por las distintas instituciones que dan respuesta social ante la comisión de un delito o falta, suponga un gravamen adicional a las vivencias de las víctimas. Existen Oficinas SAVA en todas las provincias de Andalucía. Este es un servicio que atiende a cualquier víctima de delito, sin embargo, la realidad es que el mayor porcentaje de atenciones las reciben las mujeres víctimas de violencia de género que solicitan asesoramiento.

Turno de letrados/as especializado en Violencia de Género perteneciente al Colegio de Abogados

La Junta de Andalucía garantiza a las mujeres víctimas de violencia de género el derecho a la defensa y a la asistencia legal, que se asume por una misma dirección letrada especializada y una misma representación procesal y abarcará todos los procesos y procedimientos que tengan causa directa o indirecta en la violencia de género hasta su finalización, incluida la ejecución de la sentencia.

Otros recursos y programas para la mujer víctima de violencia de género existentes en Andalucía son:

- **Juzgados de Violencia sobre la Mujer y Fiscalía** (Sección Violencia doméstica y contra la mujer), que dependen de la Consejería de Justicia y son los encargados en esta materia.
- **Unidades de Valoración integral de la violencia de género**: dependen de la Consejería de Justicia y son organizadas por los Institutos de Medicina Legal. Sus funciones son:
  a) La valoración integral de los efectos de la violencia física, psíquica y sexual en las mujeres víctimas de violencia de género.
  b) La valoración de los efectos de la exposición a la violencia y de las agresiones sufridas por los hijos y las hijas y menores a su cargo.
  c) La valoración de la incidencia, la peligrosidad objetiva, y el riesgo de reincidencia del agresor.
- **Unidad Provincial contra la Violencia sobre la Mujer**, que depende de la Subdelegación del Gobierno.
- **Servicio de Teleasistencia Móvil** para mujeres víctimas de violencia de género.

Dentro de los **Cuerpos y Fuerzas de Seguridad** tenemos en el ámbito de la violencia de género como recursos especializados:

- **SAF** (Servicio de Atención a la Familia de la Policía Nacional).
- **EMUMES** (Equipos de Atención a la Mujer y el Menor de la Guardia Civil).
- **Grupos Especializados en Violencia de Género** pertenecientes a la Policía Local en los Municipios (Como por ejemplo, Grupo Diana en la ciudad de Sevilla).

TEST

TEST N.º 1

1. El género:

a) Es una categoría biológica.
b) Es una categoría construida socialmente.
c) Es una categoría que está sujeta a cambios.
d) Las opciones b y c son correctas.

2. Los estereotipos de género:

a) Son un mecanismo de transmisión y perpetuación de los roles de género.
b) Se construyen sobre la base de factores ideológicos, históricos, religiosos, étnicos, económicos y culturales.
c) Pueden llevar a desigualdades de género.
d) Todas las respuestas anteriores son correctas.

3. Con la "acción positiva" nos estamos refiriendo a:

a) Una estrategia de larga duración que se utiliza para favorecer a un determinado género sobre el otro.
b) Una medida que tiene por objeto establecer la igualdad entre hombres y mujeres
c) Medida que tiene como finalidad eliminar la situación de discriminación.
d) Las opciones b y c son correctas.

4. La situación en que se encuentra una persona que sea, haya sido o pudiera ser tratada, en atención a su sexo, de manera menos favorable que otra en situación equiparable se denomina:

a) Discriminación indirecta por razón de sexo.
b) Discriminación directa por razón de sexo.
c) Discriminación oculta por razón de sexo.
d) Ninguna de las respuestas anteriores son correctas.

5. La situación en que se produce cualquier comportamiento verbal, no verbal o físico de índole sexual, con el propósito o el efecto de atentar contra la dignidad de una persona, en particular cuando se crea un entorno intimidatorio, hostil, degradante, humillante u ofensivo, se denomina:

a) Abuso sexual.
b) Agresión sexual.
c) Acoso sexual.
d) Todas las respuestas anteriores son correctas.

6. Dentro de la discriminación por razón de sexo podemos incluir:

a) La discriminación salarial.
b) La discriminación en la publicidad.
c) Las opciones a y b son correctas.
d) Ninguna de las respuestas anteriores es correcta.

7. La Plataforma de acción, aprobada por la IV Conferencia Mundial sobre la Mujer celebrada en Beijing en 1995 denunció:

a) La superioridad de los roles femeninos tradicionales.
b) Las imágenes estereotipadas masculinas y femeninas que aparecen en los medios de comunicación.
c) La constante proyección de imágenes negativas y degradantes de la mujer.
d) Ninguna de las respuestas anteriores es correcta.

8. Llamamos lenguaje sexista a:

a) Todas aquellas expresiones del lenguaje y la comunicación humana que invisibilizan a las mujeres.
b) Todas aquellas expresiones del lenguaje y la comunicación humana que subordinan a las mujeres.

c) Todas aquellas expresiones del lenguaje y la comunicación humana que humillan y estereotipan a las mujeres.
d) Todas las respuestas anteriores son correctas.

9. Podemos encontrar expresiones sexistas:

a) En el lenguaje escrito.
b) En el lenguaje de los medios audiovisuales.
c) Las opciones a y b son correctas.
d) Ninguna de las respuestas anteriores es correcta.

10. La igualdad entre mujeres y hombres:

a) Es un principio real en nuestra sociedad.
b) Es un principio al que se tiende pero que no está reconocido aún por nuestro ordenamiento jurídico.
c) Las opciones a y b son correctas.
d) Ninguna de las respuestas anteriores es correcta.

11. Convención sobre la eliminación de todas las formas de discriminación contra la mujer, ratificada por España en 1983:

a) Proclama el principio de igualdad entre mujeres y hombres a nivel internacional.
b) Proclama el principio de discriminación por razón de sexo en la Unión Europea.
c) Proclama el principio de igualdad efectiva entre mujeres y hombres.
d) Todas las respuestas anteriores son correctas.

12. El Tratado que establece que la igualdad entre mujeres y hombres y la eliminación de las desigualdades entre unas y otros son un objetivo que debe integrarse en todas las políticas y acciones de la Unión y de sus miembros fue:

a) El Tratado de Roma.
b) El Tratado de Amsterdam.
c) El Tratado Constitutivo de la Comunidad Económica Europea.
d) Ninguna de las respuestas anteriores es correcta.

13. El principio de igualdad de trato entre mujeres y hombres supone

a) Ausencia de toda discriminación directa por razón de sexo.
b) Ausencia de toda discriminación indirecta por razón de sexo.

c) Las opciones a y b son correctas.
d) Ninguna de las respuestas anteriores es correcta.

14. El que hombres y mujeres pueden optar y participar libremente en las diferentes esferas de la sociedad, con la misma visibilidad, autonomía y responsabilidad se denomina:

a) Igualdad de trato.
b) Igualdad de oportunidades.
c) Igualdad efectiva.
d) Ninguna de las respuestas anteriores es correcta.

15. Según la Ley Orgánica 13/07, de 22 de marzo, para la igualdad efectiva de mujeres y hombres, el principio de igualdad de trato entre mujeres y hombres supone la ausencia de toda discriminación especialmente las derivadas de:

a) La maternidad.
b) La asunción de obligaciones familiares.
c) El estado civil.
d) Todas las respuestas anteriores son correctas.

16. Para alcanzar la igualdad de oportunidades:

a) Tenemos que ofrecer las mismas posibilidades a hombres y a mujeres.
b) Tenemos que analizar los comportamientos sociales de hombres y mujeres.
c) Tenemos que fomentar el trato entre hombres y mujeres.
d) Ninguna de las respuestas anteriores es correcta.

17. Entre los motivos de la discriminación salarial hacia las mujeres se encuentran:

a) La maternidad y la dificultad para lograr ascensos.
b) Las tareas domésticas.
c) Las opciones a y b son correctas.
d) Ninguna de las respuestas anteriores es correcta.

18. Dentro de las discriminaciones por razón de sexo en el ámbito laboral nos encontramos:

a) El llamado "techo de cristal".
b) El reparto de las tareas domésticas.

c) Las profesiones por sexo.
d) Las opciones a y c son correctas.

19. Podemos afirmar que el crecimiento económico:

a) Ha garantizado la igualdad de oportunidades entre mujeres y hombres ante el empleo.
b) Ha eliminado la discriminación salarial.
c) Ha eliminado los obstáculos en la promoción profesional de las mujeres.
d) Ninguna de las respuestas anteriores es correcta.

20. Las medidas de acción positiva:

a) Controlan la aplicación del principio de igualdad.
b) Ponen en marcha programas específicos para proporcionar ventajas concretas a las mujeres.
c) Impulsan las acciones igualitarias.
d) Ninguna de las respuestas anteriores es correcta.

Solución al test n.º 1

1. d) Las opciones b y c son correctas.

2. d) Todas las respuestas anteriores son correctas.

3. d) Las opciones b y c son correctas.

4. b) Discriminación directa por razón de sexo.

5. c) Acoso sexual.

6. c) Las opciones a y b son correctas.

7. c) La constante proyección de imágenes negativas y degradantes de la mujer.

8. d) Todas las respuestas anteriores son correctas.

9. c) Las opciones a y b son correctas.

10. d) Ninguna de las respuestas anteriores es correcta.

11. a) Proclama el principio de igualdad entre mujeres y hombres a nivel internacional.

12. b) El Tratado de Amsterdam.

13. c) Las opciones a y b son correctas.

14. b) Igualdad de oportunidades.

15. d) Todas las respuestas anteriores son correctas.

16. b) Tenemos que analizar los comportamientos sociales de hombres y mujeres.

17. a) La maternidad y la dificultad para lograr ascensos.

18. d) Las opciones a y c son correctas.

19. d) Ninguna de las respuestas anteriores es correcta.

20. b) Ponen en marcha programas específicos para proporcionar ventajas concretas a las mujeres.

TEST N.º 2

MAD

1. La Declaración y la Plataforma de Acción de la IV Conferencia Mundial sobre la Mujer de 1995, establece como estrategias en las políticas de igualdad entre mujeres y hombres:

a) La lucha contra la discriminación salarial.
b) La transversalidad de género.
c) La representación equilibrada.
d) Las opciones b y c son correctas.

2. En el Tratado de Roma (1957) quedó consagrado:

a) El promover la igualdad de oportunidades entre hombres y mujeres, introduciendo este principio en todas las políticas y en todos los programas.
b) El principio de igualdad de retribución entre los trabajadores masculinos y femeninos para un mismo trabajo.
c) Las opciones a y b son correctas.
d) Ninguna de las respuestas anteriores es correcta.

3. La Constitución Española de 1978 establece de forma expresa el derecho a la igualdad y a la no discriminación por razón de sexo en:

a) Artículo 14.
b) Artículo 25.
c) Artículo 9.
d) Todas las respuestas anteriores son correctas.

4. La ley que constituye el marco de desarrollo del principio de igualdad a nivel estatal es:

a) Ley Orgánica 1/2004, de 28 de diciembre, de discriminación por razón de sexo.
b) Ley 27/2003, de 31 de julio, de fomento de la Igualdad.
c) Ley Orgánica 3/2007, de 22 de marzo, para la Igualdad Efectiva de Mujeres y Hombres.
d) Ninguna de las respuestas anteriores son correctas.

5. Actualmente se encuentra vigente a nivel estatal el:

a) V Plan de Igualdad de oportunidades entre mujeres y hombres (2006-2010).
b) Plan de trabajo para la igualdad entre las mujeres y los hombres (2006-2010).
c) Plan Estratégico de Igualdad de oportunidades (2008-2011).
d) Todas las respuestas anteriores son correctas.

6. El recientemente aprobado Estatuto de Autonomía para Andalucía recoge "la efectiva igualdad del hombre y de la mujer andaluces" en:

a) Artículo 14.
b) Artículo 2.
c) Artículo 10.2.
d) Ninguna de las respuestas anteriores es correcta.

7. Entre los objetivos básicos de nuestra Comunidad Autónoma recogidos en el Estatuto de Autonomía encontramos:

a) La efectiva igualdad del hombre y de la mujer andaluces.
b) La plena incorporación de la mujer en la vida social.
c) La promoción de la democracia paritaria.
d) Todas las respuestas anteriores son correctas.

8. Actualmente se encuentra vigente en nuestra Comunidad Autónoma de Andalucía el:

a) III Plan de Igualdad entre mujeres y hombres en Andalucía.
b) II Plan Andaluz de Igualdad de Oportunidades.
c) IV Plan Andaluz de Igualdad de Oportunidades.
d) Ninguna de las respuestas anteriores es correcta.

9. La Ley que crea el Instituto Andaluz de la Mujer es:

a) Ley 10/88, de 29 de diciembre, de presupuesto de la Comunidad Autónoma de Andalucía.
b) La Ley 18/03, de 31 de diciembre.
c) Ley 6/2006, de 24 de octubre, de promoción de la igualdad.
d) Ninguna de las respuestas anteriores es correcta.

10. Actualmente las dos leyes más importantes sobre igualdad de género en nuestra Comunidad Autónoma son:

a) La Ley 12/2007, de Medidas de Prevención y Protección Integral contra la Violencia de género y la Ley 15/2007 para la Promoción de la Igualdad de Género en Andalucía.
b) La Ley 12/2007, para la Promoción de la Igualdad de Género en Andalucía.
c) La Ley 13/2007, de Medidas de Prevención y Protección Integral contra la Violencia de género.
d) Las opciones b y c son correctas.

11. La Ley para la Promoción de la Igualdad de Género en Andalucía tiene como objetivo:

a) La consecución de la igualdad formal entre mujeres y hombres.
b) La promoción de la igualdad formal entre mujeres y hombres.
c) La consecución de la igualdad real y efectiva entre mujeres y hombres
d) Todas las respuestas anteriores son correctas.

12. Entre los principios generales de la Ley para la Promoción de la Igualdad de Género en Andalucía encontramos:

a) El fomento de la corresponsabilidad entre mujeres y hombres y de la participación o composición equilibrada de mujeres y hombres.
b) La adopción de las medidas específicas necesarias destinadas a eliminar las desigualdades de hecho por razón de sexo.
c) El reconocimiento de la maternidad, biológica o no biológica, como un valor social.
d) Todas las respuestas anteriores son correctas.

13. Para garantizar la integración de la perspectiva de género en las políticas públicas se utiliza:

a) El informe de perspectiva de género.
b) El informe de impacto de género.

c) Las opciones a y b son correctas.
d) Ninguna de las respuestas anteriores es correcta.

14. La Comisión Interdepartamental para la Igualdad de Mujeres y Hombres:

a) En ella están representadas todas las Consejerías de la Junta de Andalucía.
b) Es un órgano colegiado para el seguimiento de las acciones y actuaciones de la Administración de la Junta de Andalucía en materia de igualdad de género.
c) Las opciones a y b son correctas.
d) Ninguna de las respuestas anteriores es correcta.

15. La Ley 13/2007, de 26 de noviembre, de Medidas de Prevención y Protección Integral contra la Violencia de Género:

a) Tiene por objeto actuar contra la violencia que, como manifestación de la discriminación, la situación de desigualdad y las relaciones de poder de los hombres sobre las mujeres, se ejerce sobre éstas por el solo hecho de serlo.
b) Es una ley estatal en materia de violencia de género.
c) Tiene por objeto actuar contra la violencia doméstica.
d) Las opciones a y b son correctas.

16. En la Ley 13/2007, se establecen actuaciones:

a) De prevención de la violencia de género.
b) De Protección Integral contra la violencia de género.
c) De Prevención y Protección a las mujeres víctimas de la violencia de género.
d) Las opciones a y b son correctas.

17. Se entiende por violencia de género:

a) La violencia que se ejerce contra las mujeres en el ámbito doméstico.
b) La violencia que ejercen los hombres sobre las mujeres en el ámbito doméstico.
c) La violencia que, como manifestación de la discriminación, la situación de desigualdad y las relaciones de poder de los hombres sobre las mujeres, se ejerce sobre éstas por el hecho de serlo.
d) Las opciones b y c son correctas.

18. Según la Ley 13/07, para favorecer la igualdad y prevenir y erradicar la violencia de género, la actuación de los poderes públicos:

a) Vendrá informada por el principio de Accesibilidad a la comunicación.
b) Velará de manera especial por la protección y garantía de los derechos de las mujeres con discapacidad o mujeres en situación de especial vulnerabilidad.

c) Las opciones a y b son correctas.
d) Ninguna de las respuestas anteriores es correcta.

19. El Título III de la Ley 13/2007, establece una serie de acciones para la recuperación integral de las mujeres como:

a) Las ayudas socioeconómicas y el acceso de las mujeres a viviendas protegidas.
b) El ingreso de las mujeres en centros de acogida.
c) Las opciones a y b son correctas.
d) Ninguna de las respuestas anteriores es correcta.

20. El Título II de la Ley 13/2007, desarrolla las acciones de protección y atención a las mujeres como:

a) Los derechos de las mujeres afectadas por la violencia de género.
b) Las medidas de atención social.
c) Las medidas para la atención integral y acogida.
d) Todas las respuestas anteriores son correctas.

Solución al test n.º 2

1. d) Las opciones b y c son correctas.

2. b) El principio de igualdad de retribución entre los trabajadores masculinos y femeninos para un mismo trabajo.

3. a) Artículo 14.

4. c) Ley Orgánica 3/2007, de 22 de marzo, para la Igualdad Efectiva de Mujeres y Hombres.

5. c) Plan Estratégico de Igualdad de oportunidades (2008-2011).

6. c) Artículo 10.2.

7. d) Todas las respuestas anteriores son correctas.

8. b) II Plan Andaluz de Igualdad de Oportunidades.

9. a) Ley 10/88, de 29 de diciembre, de presupuesto de la Comunidad Autónoma de Andalucía.

10. d) Las opciones b y c son correctas.

11. c) La consecución de la igualdad real y efectiva entre mujeres y hombres

12. d) Todas las respuestas anteriores son correctas.

13. b) El informe de impacto de género.

14. c) Las opciones a y b son correctas.

15. a) Tiene por objeto actuar contra la violencia que, como manifestación de la discriminación, la situación de desigualdad y las relaciones de poder de los hombres sobre las mujeres, se ejerce sobre éstas por el solo hecho de serlo.

16. a) De prevención de la violencia de género.

17. c) La violencia que, como manifestación de la discriminación, la situación de desigualdad y las relaciones de poder de los hombres sobre las mujeres, se ejerce sobre éstas por el hecho de serlo.

18. c) Las opciones a y b son correctas.

19. a) Las ayudas socioeconómicas y el acceso de las mujeres a viviendas protegidas.

20. d) Todas las respuestas anteriores son correctas.

TEST N.º 3

1. El mainstreaming de género:

a) Es una nueva estrategia que se introduce para trabajar a favor de la igualdad de oportunidades.

b) Incorpora una perspectiva o análisis de género en todas las políticas, a todos los niveles y en todas las etapas, por los actores implicados normalmente en la elaboración de políticas.

c) Las opciones a y b son correctas.

d) Ninguna de las respuestas anteriores es correcta.

2. El enfoque integrado de género supone:

a) Un modelo de análisis e intervención que parte de la situación de igualdad entre hombres y mujeres.

b) Un modelo de análisis y de intervención basado en detectar, evaluar, explicitar y tomar en consideración las desigualdades entre las condiciones, posiciones, situaciones y necesidades de mujeres y hombres.

c) Una perspectiva que sólo tiene en cuenta la posición que ocupa la mujer.

d) Ninguna de las respuestas anteriores es correcta.

3. El análisis de género debe ser aplicado en:

a) La fase de diseño.

b) La fase de ejecución.

c) La fase de seguimiento y evaluación.

d) Todas las respuestas anteriores son correctas.

4. El mainstreaming de género ha sido adoptado como estrategia para la igualdad de género en todos los estados miembros de la Unión Europea a partir de:

a) El Tratado de Roma en 1957.
b) Ley 27/2003, de 31 de julio, de fomento de la Igualdad.
c) La IV Conferencia Mundial sobre la Mujer en 1995 en Pekín.
d) Ninguna de las respuestas anteriores son correctas.

5. Para promover la igualdad entre mujeres y hombres se considera necesario:

a) Las políticas de acción positiva.
b) La actuación de manera transversal.
c) Las medidas específicas a favor de las mujeres.
d) Todas las respuestas anteriores son correctas.

6. Con la entrada en vigor del Tratado de Ámsterdam, en mayo de 1999:

a) La promoción de la igualdad entre hombres y mujeres vertebra horizontalmente todas las políticas de la Unión Europea.
b) Desaparece el principio de mainstreaming de las políticas públicas.
c) Las opciones a y b son correctas.
d) Ninguna de las respuestas anteriores es correcta.

7. El instrumento empleado para integrar la perspectiva de género en el ejercicio de las competencias de las distintas políticas y acciones públicas es:

a) La transversalidad.
b) La representatividad.
c) La promoción de la democracia paritaria.
d) Ninguna de las respuestas anteriores es correcta.

8. El principio de transversalidad:

a) Incluye medidas específicas a favor de las mujeres.
b) Supone la movilización de todas las acciones y políticas generales.
c) Las opciones a y b son correctas.
d) Ninguna de las respuestas anteriores es correcta.

9. El análisis de género:

a) Permite que las políticas, los programas, estudios o proyectos se formulen teniendo en cuenta las diferencias entre hombres y mujeres.
b) Supone que tanto hombres como mujeres son tratados de manera igual por la acción del Estado.
c) Es una herramienta para comprender las demandas diferenciadas de hombres y mujeres.
d) Las opciones a y c son correctas.

10. La primera ley que establece la obligatoriedad de un Informe de Evaluación de Impacto de Género de los proyectos de ley y reglamentos que aprobase el Consejo de Gobierno en nuestra Comunidad Autónoma es:

a) La Ley 15/2007, para la Promoción de la Igualdad de Género en Andalucía.
b) La Ley 12/2007, para la Promoción de la Igualdad de Género en Andalucía.
c) La Ley 18/2003, de 29 de diciembre, por la que se aprueban Medidas Fiscales y Administrativas.
d) Ninguna de las respuestas anteriores es correcta.

11. La Unidad de Igualdad y Género en Andalucía:

a) Es un organismo creado por el Instituto de la Mujer.
b) Es una estructura de apoyo a la Administración autonómica.
c) Se crea para iniciar y consolidar el proceso de implantación del mainstreaming de género en Andalucía.
d) Las opciones b y c son correctas.

12. Entre los objetivos de la Unidad de Igualdad y Género se encuentra:

a) Facilitar a los equipos gestores formación en el Enfoque Integrado de Género como marco de intervención común.
b) Ofrecer asesoramiento especializado y permanente a los centros gestores en las materias relacionadas con la Integración de la Perspectiva de Género en su gestión.
c) Las opciones a y b son correctas.
d) Ninguna de las respuestas anteriores es correcta.

13. Entre las líneas de intervención de la Unidad de Igualdad y Género se encuentran:

a) Elaboración de herramientas e Investigación.
b) Intervención.

c) Las opciones a y b son correctas.
d) Ninguna de las respuestas anteriores es correcta.

14. La Pertinencia de género:

a) Constituye el paso final para la integración de la perspectiva de género en las políticas públicas.
b) Establece e identifica cuándo una actuación es relevante al género.
c) Las opciones a y b son correctas.
d) Ninguna de las respuestas anteriores es correcta.

15. Un proyecto, programa, medida o intervención es pertinente al género cuando:

a) Al analizarlo se pueden identificar efectos, impactos o resultados, tanto positivos como negativos para la igualdad de oportunidades entre mujeres y hombres.
b) Al analizarlo se pueden identificar efectos, impactos o resultados positivos para la igualdad de oportunidades entre mujeres y hombres.
c) Al analizarlo se pueden identificar efectos, impactos o resultados negativos para la igualdad de oportunidades entre mujeres y hombres.
d) Ninguna de las respuestas anteriores es correcta.

16. El primer paso de la identificación de la pertinencia de género constituye:

a) La identificación de la posición de hombres y mujeres.
b) La visibilización de las personas.
c) Las opciones a y b son correctas.
d) Ninguna de las respuestas anteriores es correcta.

17. La pertinencia de género implica:

a) Que las intervenciones no son neutras al género.
b) Que las intervenciones afectan por igual a hombres y a mujeres.
c) Que las intervenciones son neutras al género.
d) Las opciones b y c son correctas.

18. La Ley 30/2003, de 13 de octubre:

a) Establece que todas las actuaciones de la Administración tendrán que incorporar la representatividad por razón de género.
b) Recoge el principio de equidad en la Administración autonómica.

c) Establece que los proyectos de disposiciones de carácter general y los planes de especial relevancia económica, social, cultural y artística que se sometan a la aprobación del Consejo de Ministros deberán incorporar un informe sobre su impacto por razón de género.

d) Ninguna de las respuestas anteriores es correcta.

19. El Decreto 93/2004, de 9 de marzo:

a) Regula el Informe de Evaluación de Impacto de Género en los proyectos de Ley y Reglamentos que apruebe el Consejo de Gobierno en Andalucía.

b) Determina que todas las Consejerías y Órganos Directivos de la Junta de Andalucía tienen la obligación de acompañar al procedimiento de elaboración de los proyectos de Ley y Decretos, un Informe de Impacto de Género.

c) Las opciones a y b son correctas.

d) Ninguna de las respuestas anteriores es correcta.

20. La Comisión de Impacto de género en los Presupuestos Públicos de la Comunidad Autónoma se crea en:

a) El artículo 139 de la Ley 18/2003.

b) El artículo 139 de la Ley 12/2007.

c) El artículo 139 de la Ley 13/2007.

d) Ninguna de las respuestas anteriores es correcta.

Solución al test n.º 3

1. c) Las opciones a y b son correctas.

2. b) Un modelo de análisis y de intervención basado en detectar, evaluar, explicitar y tomar en consideración las desigualdades entre las condiciones, posiciones, situaciones y necesidades de mujeres y hombres.

3. d) Todas las respuestas anteriores son correctas.

4. c) La IV Conferencia Mundial sobre la Mujer en 1995 en Pekín.

5. d) Todas las respuestas anteriores son correctas.

6. a) La promoción de la igualdad entre hombres y mujeres vertebra horizontalmente todas las políticas de la Unión Europea.

7. a) La transversalidad.

8. c) Las opciones a y b son correctas.

9. d) Las opciones a y c son correctas.

10. c) La Ley 18/2003, de 29 de diciembre, por la que se aprueban Medidas Fiscales y Administrativas.

11. d) Las opciones b y c son correctas.

12. c) Las opciones a y b son correctas.

13. a) Elaboración de herramientas e Investigación.

14. b) Establece e identifica cuándo una actuación es relevante al género.

15. a) Al analizarlo se pueden identificar efectos, impactos o resultados, tanto positivos como negativos para la igualdad de oportunidades entre mujeres y hombres.

16. b) La visibilización de las personas.

17. a) Que las intervenciones no son neutras al género.

18. c) Establece que los proyectos de disposiciones de carácter general y los planes de especial relevancia económica, social, cultural y artística que se sometan a la aprobación del Consejo de Ministros deberán incorporar un informe sobre su impacto por razón de género.

19. c) Las opciones a y b son correctas.

20. a) El artículo 139 de la Ley 18/2003.

TEST N.º 4

1. En la lucha contra la violencia de género, tuvo gran trascendencia:

a) La Convención sobre la eliminación de todas las formas de discriminación contra la mujer (CEDAW) de la Unión Europea.
b) La Convención sobre la eliminación de todas las formas de discriminación contra la mujer (CEDAW) a nivel mundial.
c) La Declaración Europea de discriminación de género.
d) Ninguna de las respuestas anteriores es correcta.

2. La Ley 27/2003, de 31 de julio, regula:

a) La Orden de Protección para las Víctimas de la Violencia Doméstica.
b) La Orden de Protección para Mujeres Víctimas de Violencia de Género.
c) La prevención de la violencia de género.
d) Ninguna de las respuestas anteriores es correcta.

3. La Ley Orgánica 1/2004, de 28 de diciembre:

a) Es un instrumento que recoge las recomendaciones y directrices internacionales en materia de violencia de género.
b) Tiene como objetivo fundamental actuar contra la violencia de género.
c) Establece el concepto y las medidas de Protección Integral contra la violencia de género.
d) Todas las respuestas anteriores son correctas.

4. El concepto de violencia de género se establece:

a) En el Tratado de Roma en 1957.
b) En art. 1 de la Declaración de la Asamblea General de Naciones Unidas de 1993.
c) En La IV Conferencia Mundial sobre la Mujer en 1995 en Pekín.
d) Ninguna de las respuestas anteriores son correctas.

5. Los tipos de violencia recogidos en la Ley 13/2007 son:

a) La violencia física y psicológica.
b) La violencia económica y sexual.
c) La violencia ambiental.
d) Las opciones a y b son correctas.

6. La violencia sexual incluye:

a) Acto de naturaleza sexual forzado por el agresor o no consentido por la mujer por quien sea su pareja.
b) Acto de naturaleza sexual forzado por el agresor o no consentido por la mujer con independencia de que el agresor guarde o no relación conyugal, de pareja, afectiva o de parentesco con la víctima.
c) Las opciones a y b son correctas.
d) Ninguna de las respuestas anteriores es correcta.

7. La Ley 1/2004, de Medidas de Protección Integral contra la Violencia de Género:

a) Enfoca de un modo integral y multidisciplinar la violencia de género.
b) Se centra exclusivamente en las medidas de protección contra la violencia de género.
c) Considera como aspecto fundamental la Prevención de la Violencia de género.
d) Las opciones a y c son correctas.

8. Desde la aprobación de la Ley se han puesto en marcha medidas como:

a) Los Juzgados de Violencia sobre la Mujer y las Unidades de Violencia contra la Mujer en las Subdelegaciones del Gobierno.
b) Teléfono Único de información 24 horas y la Delegación Especial del Gobierno contra la Violencia sobre la Mujer.
c) Las Unidades Forenses de Valoración Integral.
d) Todas las respuestas anteriores son correctas.

9. El Plan Nacional de Sensibilización y Prevención de la Violencia de Género contempla la prevención:

a) Primaria, secundaria y terciaria.
b) Primaria y terciaria.
c) Primaria.
d) Primaria y secundaria.

10. El Estatuto de Autonomía para Andalucía:

a) Asume un fuerte compromiso en la erradicación de la violencia de género y en la protección integral a las mujeres.
b) Recoge en su artículo 16 el derecho a la protección integral contra la violencia de género.
c) Recoge en su artículo 13 el derecho a la protección integral contra la violencia de género.
d) Ninguna de las respuestas anteriores es correcta.

11. La Unidad de Igualdad y Género en Andalucía:

a) Es un organismo creado por el Instituto de la Mujer.
b) Es una estructura de apoyo a la Administración autonómica.
c) Se crea para iniciar y consolidar el proceso de implantación del mainstreaming de género en Andalucía.
d) Las opciones b y c son correctas.

12. El organismo encargado de promover la igualdad de derechos y oportunidades entre hombres y mujeres de Andalucía es:

a) El Juzgado de Violencia de Género.
b) La Comisión de Impacto de Género.
c) El Instituto Andaluz de la Mujer.
d) Ninguna de las respuestas anteriores es correcta.

13. Para intensificar las medidas contra la violencia de género, en Andalucía se han desarrollado:

a) Dos Planes del Gobierno Andaluz para erradicar la violencia de género.
b) Los Planes de Promoción de la Igualdad entre hombres y mujeres en Andalucía.
c) El Plan del Gobierno Andaluz contra la Violencia de Género.
d) Ninguna de las respuestas anteriores es correcta.

14. La Ley más importante en Andalucía sobre la violencia de género la constituye:

a) La Ley 12/2007, de Medidas de Prevención y Protección Integral contra la violencia de género.
b) La Ley 12/2007, de Promoción de la Igualdad.
c) Ley 13/2007, de 26 de noviembre, de Medidas de Prevención y Protección Integral contra la Violencia de Género.
d) Ninguna de las respuestas anteriores es correcta.

15. El Plan integral de sensibilización y prevención contra la violencia de género:

a) Está establecido en la Ley 13/2007 de Medidas de Prevención y Protección Integral contra la Violencia de Género.
b) Será elaborado cada cinco años.
c) Las opciones a y b son correctas.
d) Ninguna de las respuestas anteriores es correcta.

16. Dicho Plan desarrollará, entre otras, las siguientes estrategias de actuación:

a) Educación y Detección, atención y prevención de la violencia de género.
b) Policial.
c) Judicial.
d) Las opciones b y c son correctas.

17. Los Centros de Atención a la Mujer:

a) Existen en cada una de las Provincias andaluzas.
b) Impulsan los Planes de Igualdad Municipales.
c) Ofrecen información sobre los derechos y oportunidades de las mujeres y proporcionan atención y asesoramiento para actuar en caso de discriminación.
d) Las opciones a y c son correctas.

18. Los Centros Municipales de Información a la Mujer:

a) Comienzan a crearse a través de subvenciones del IAM a las Corporaciones locales.
b) Es un servicio específico de ámbito local o comarcal desde el que se articulan intervenciones dirigidas a las mujeres a través de la información y asesoramiento, la sensibilización, el fomento de la participación y acercamiento de la mujer a las instituciones.

c) Las opciones a y b son correctas.
d) Ninguna de las respuestas anteriores es correcta.

19. El Servicio Integral de Atención y Acogida para las mujeres víctimas de violencia de género:

a) Lo constituyen los Centro Municipales de la Mujer.
b) Lo constituyen Centros del Instituto Andaluz de la Mujer para atender y acoger con carácter temporal a las mujeres en situación de violencia de género y a sus hijas e hijos.
c) Lo constituyen Centros Provinciales del Instituto Andaluz de la Mujer.
d) Las opciones a y c son correctas.

20. El Servicio de Atención Psicológica grupal para mujeres víctimas de violencia se desarrolla:

a) En los Centros Provinciales del Instituto Andaluz de la Mujer.
b) A nivel municipal, en los Centros de Información a la Mujer.
c) Las opciones a y b son correctas.
d) Ninguna de las respuestas anteriores es correcta.

Solución al test n.º 4

1. b) La Convención sobre la eliminación de todas las formas de discriminación contra la mujer (CEDAW) a nivel mundial.

2. a) La Orden de Protección para las Víctimas de la Violencia Doméstica.

3. d) Todas las respuestas anteriores son correctas.

4. b) En art. 1 de la Declaración de la Asamblea General de Naciones Unidas de 1993.

5. d) Las opciones a y b son correctas.

6. b) Acto de naturaleza sexual forzado por el agresor o no consentido por la mujer con independencia de que el agresor guarde o no relación conyugal, de pareja, afectiva o de parentesco con la víctima.

7. d) Las opciones a y c son correctas.

8. d) Todas las respuestas anteriores son correctas.

9. a) Primaria, secundaria y terciaria.

10. b) Recoge en su artículo 16 el derecho a la protección integral contra la violencia de género.

11. d) Las opciones b y c son correctas.

12. c) El Instituto Andaluz de la Mujer.

13. a) Dos Planes del Gobierno Andaluz para erradicar la violencia de género.

14. c) Ley 13/2007, de 26 de noviembre, de Medidas de Prevención y Protección Integral contra la Violencia de Género.

15. c) Las opciones a y b son correctas.

16. a) Educación y Detección, atención y prevención de la violencia de género.

17. d) Las opciones a y c son correctas.

18. c) Las opciones a y b son correctas.

19. b) Lo constituyen Centros del Instituto Andaluz de la Mujer para atender y acoger con carácter temporal a las mujeres en situación de violencia de género y a sus hijas e hijos.

20. d) Ninguna de las respuestas anteriores es correcta.

Ley 12/2007, de 26 noviembre, de Promoción de la Igualdad de Género en Andalucía

EXPOSICIÓN DE MOTIVOS

I.

La presente Ley para la Promoción de la Igualdad de Género en Andalucía tiene como objetivo la consecución de la igualdad real y efectiva entre mujeres y hombres. La superación de la desigualdad por razón de género ha sido impulsada de manera extraordinaria, si se analiza desde una perspectiva histórica, desde la segunda mitad del siglo pasado.

Los pronunciamientos para la eliminación de todas las formas de discriminación hacia la mujer, en el marco de la Organización de las Naciones Unidas, vienen conformados por la Declaración sobre la Eliminación de la Discriminación contra la Mujer de 1967, la Convención para la Eliminación de Todas las Formas de Discriminación contra la Mujer de 1979 y el Comité para la Eliminación de la Discriminación contra la Mujer que tiene como función vigilar la aplicación de la Convención por los Estados que la han suscrito; entre ellos, España. En la Convención se declara que la discriminación contra las mujeres vulnera los principios de igualdad de derechos y de respeto a la dignidad humana, dificultando la plena participación de las mujeres en la vida política, social, económica y cultural.

En esta línea, las cuatro conferencias mundiales sobre la mujer celebradas en el marco de la Organización de las Naciones Unidas -la primera de ellas celebrada en México en el año 1975, y las posteriores: Copenhague 1980, Nairobi 1985 y Pekín 1995-, han contribuido a situar la causa de la igualdad de género en primera línea del debate mundial. La Declaración y la Plataforma de Acción de la IV Conferencia Mundial sobre la Mujer de 1995 han establecido las dos estrategias fundamentales para el desarrollo eficaz de las políticas de igualdad de mujeres y hombres, la transversalidad de género y la representación equilibrada.

II.

En el ámbito de la Unión Europea han sido numerosas las directivas, recomendaciones, resoluciones y decisiones relativas a la igualdad de trato y oportunidades entre mujeres y hombres, habiéndose desarrollado igualmente diversos programas de acción comunitaria para la igualdad de oportunidades. El Tratado de Amsterdam, aprobado por el Consejo Europeo de Amsterdam el 16 y 17 de junio de 1997, en sus modificaciones al Tratado de Roma de 25 de marzo de 1957, constitutivo de la Comunidad Europea, incluye en su artículo 2 una referencia específica a la igualdad entre el hombre y la mujer como misión de la Comunidad. Igualmente, en el apartado 2 del artículo 3 se incorpora el objetivo de eliminar las desigualdades entre el hombre y la mujer y promover su igualdad, que deberá inspirar todas las acciones y políticas comunitarias. También hay que destacar que los artículos 20 y 21 de la Carta de Derechos Fundamentales de la Unión Europea establecen tanto el principio de igualdad ante la ley como la prohibición de discriminación. Además, la Carta contiene un artículo específico, el 23, dedicado a la igualdad entre mujeres y hombres y a las acciones positivas como medidas compatibles con la igualdad de trato. Asimismo, se han aprobado normas comunitarias específicas, como la Directiva 2002/73/CE del Parlamento Europeo y del Consejo, de 23 de septiembre de 2002 relativa a la aplicación del principio de igualdad de trato entre hombres y mujeres en lo que se refiere al acceso al empleo, a la formación y a la promoción profesionales, y a las condiciones de trabajo, y la Directiva 2004/113/CE del Consejo, de 13 de diciembre de 2004, por la que se aplica el principio de igualdad de trato entre hombres y mujeres al acceso a bienes y servicios y su suministro, y la Directiva 2006/54/CE del Parlamento Europeo y del Consejo, de 5 de julio de 2006, relativa a la aplicación del principio de igualdad de oportunidades e igualdad de trato entre hombres y mujeres en asuntos de empleo y ocupación.

III.

La Constitución Española, aunque responde a un momento en el que todavía no se había desarrollado la sensibilidad social presente, proclama en su artículo 14, como valor superior del ordenamiento jurídico, la igualdad de toda la ciudadanía ante la ley, sin que pueda prevalecer discriminación alguna por razón de sexo. Por su parte, el artículo 9.2 establece la obligación de los poderes públicos de promover las condiciones para que la libertad y la igualdad del individuo y de los grupos en que se integra sean reales y efectivas. A estos preceptos constitucionales hay que unir la cláusula de apertura a las normas internacionales sobre derechos y libertades contenida en el artículo 10.2, las previsiones del artículo 96, integrando en el ordenamiento interno los tratados internacionales publicados oficialmente en España; y el artículo 93, autorizando las transferencias de competencias constitucionales a las organizaciones supranacionales mediante la aprobación de una ley orgánica.

La Ley Orgánica 3/2007, de 22 de marzo, para la igualdad efectiva de mujeres y hombres, constituye el marco de desarrollo del principio de igualdad de trato, incorpora sustanciales modificaciones legislativas para avanzar en la igualdad real de mujeres y hombres y en el ejercicio pleno de los derechos e implementa medidas transversales que inciden en todos los órdenes de la vida política, jurídica y social, a fin de erradicar las discriminaciones contra las mujeres.

IV.

El proceso de descentralización, que a partir del texto constitucional conduce al Estado autonómico, conlleva que sean diversos los poderes públicos que tienen que proyectar y desarrollar políticas de promoción de la igualdad de oportunidades. La Comunidad Autónoma de Andalucía asume en el Estatuto de Autonomía para Andalucía un fuerte compromiso en esa dirección, cuando en su artículo 10.2 afirma que "la Comunidad Autónoma propiciará la efectiva igualdad del hombre y de la mujer andaluces, promoviendo la democracia paritaria y la plena incorporación de aquélla en la vida social, superando cualquier discriminación laboral, cultural, económica, política o social". Asimismo, en su artículo 15 "se garantiza la igualdad de oportunidades entre hombres y mujeres en todos los ámbitos". Finalmente, el artículo 38 del Estatuto de Autonomía para Andalucía establece "la prohibición de discriminación del artículo 14 y los derechos reconocidos en el Capítulo II vinculan a todos los poderes públicos andaluces y, dependiendo de la naturaleza de cada derecho, a los particulares, debiendo de ser interpretados en el sentido más favorable a su plena efectividad".

En consecuencia, los poderes públicos de la Comunidad Autónoma de Andalucía están vinculados a lo establecido en los tratados y en las normas constitucionales y estatutarias relacionadas, teniendo la obligación de adoptar las medidas necesarias para promover la igualdad de derechos de las mujeres y de los hombres. Para ello, deben ejercitar las competencias que les corresponden desde una perspectiva de género, formulando y desarrollando una política global de protección de los derechos de las mujeres. La igualdad formal debe llenarse de contenido a través de una actuación decidida de todos los poderes públicos y de una progresiva concienciación social e individual. Ésa es la finalidad esencial de esta ley, que pretende contribuir a la superación histórica de la desigualdad de la mujer en Andalucía; desigualdad que presenta la singularidad de que afecta a más de la mitad de la población, por lo que exige un mayor compromiso de los poderes públicos en el marco de un Estado social y democrático de Derecho.

V.

La Comunidad Autónoma de Andalucía ha venido desarrollando una ingente labor para promover el papel de las mujeres en los distintos ámbitos de la vida social, educativa, cultural, laboral, económica y política, a fin de favorecer la igualdad y el pleno ejercicio de sus derechos de ciudadanía.

El principio de igualdad ha ido evolucionando hacia exigencias de igualdad de oportunidades reales en todos los ámbitos de la vida, haciendo necesaria la implementación de un enfoque más integral y general de la igualdad de género. En Andalucía, la integración de la perspectiva de género ha supuesto avances muy importantes, siendo claros ejemplos la obligatoriedad del informe de evaluación de impacto de género en los proyectos de ley y reglamentos aprobados por el Consejo de Gobierno y el enfoque de género en los presupuestos de la Comunidad Autónoma, según han establecido los artículos 139 y 140 de la Ley 18/2003, de 29 de diciembre, de Medidas Fiscales y Administrativas. También la Ley 6/2006, de 24 de octubre, del Gobierno de la Comunidad Autónoma de Andalucía, en su artículo 18.3, establece la representación equilibrada en las designaciones de las personas integrantes del Consejo de Gobierno. El objetivo de la erradicación de la violencia de género se ha situado en primera línea de las acciones del Gobierno andaluz, por lo que ha aprobado y desarrollado dos planes contra la violencia hacia las mujeres: I Plan del Gobierno Andaluz para avanzar en la erradicación de la violencia contra las mujeres (1998-2000) y el II Plan de Acción del Gobierno Andaluz contra la violencia hacia las mujeres (2001-2004).

VI.

Reconociendo los pasos ya dados en diversos ámbitos normativos y territoriales, la Comunidad Autónoma de Andalucía quiere dotarse, a través de esta ley, con instrumentos de variada naturaleza y desarrollos eficaces que sirvan al propósito común de una sociedad igualitaria, justa, solidaria y democrática en la que las mujeres y los hombres tengan, realmente, los mismos derechos y oportunidades.

En este sentido, la presente Ley para la Promoción de la Igualdad de Género en Andalucía tiene como objetivo principal garantizar la vinculación de los poderes públicos en todos los ámbitos, en el cumplimiento de la transversalidad como instrumento imprescindible para el ejercicio de las competencias autonómicas en clave de género.

VII.

La presente Ley se estructura en un Título Preliminar, cuatro Títulos, una disposición adicional, una disposición transitoria, una disposición derogatoria y dos disposiciones finales.

El Título Preliminar establece los conceptos esenciales en materia de igualdad de género y los principios generales que han de presidir la actuación de los poderes públicos en relación con la igualdad de género.

El Título I recoge, en su Capítulo I, las acciones para garantizar la integración de la perspectiva de género en las políticas públicas: el informe de evaluación de impacto de género, los presupuestos públicos con enfoque de género, el Plan estratégico para la igualdad de mujeres y hombres, el lenguaje no sexista e imagen pública y las estadísticas e investigaciones con perspectiva de género. Su Capítulo II establece las medidas para la promoción de la igualdad de género en el ámbito de competencias de la Junta de Andalucía, entre las que se adopta el principio de representación equilibrada de mujeres y hombres en los nombramientos de los órganos directivos y colegiados.

El Título II establece las medidas para promover la igualdad de género en las políticas públicas de los distintos ámbitos de actuación. En el Capítulo I, se determinan las garantías para asegurar una formación educativa basada en el principio de igualdad entre mujeres y hombres. En el Capítulo II se contempla, en el marco de los Acuerdos de Concertación Social en Andalucía, las medidas destinadas a favorecer el acceso y la permanencia de las mujeres, en condiciones de igualdad, en el empleo. Por su parte, el Capítulo III se refiere a la necesaria conciliación de la vida laboral, familiar y personal. En el Capítulo IV se incluyen medidas en materia de promoción y protección a la salud y bienestar social, y se tienen en cuenta también las necesidades especiales de determinados colectivos de mujeres. El Capítulo V establece políticas de promoción y atención a las mujeres. El Capítulo VI propone la participación social, política y económica de las mujeres. Y en el Capítulo VII se completa este marco de actuaciones con aquellas dirigidas a mejorar la imagen pública de las mujeres.

El Título III se ocupa de la organización institucional y coordinación, como estrategia adecuada y necesaria para impulsar, desarrollar y evaluar las acciones y políticas públicas para promover la igualdad de género en Andalucía.

Y por último, el Título IV se refiere al establecimiento de garantías para la igualdad de género.

TÍTULO PRELIMINAR.
Disposiciones generales

Artículo 1. Objeto

Constituye el objeto de esta Ley hacer efectivo el derecho de igualdad de trato y oportunidades entre mujeres y hombres para, en el desarrollo de los artículos 9.2 y 14 de la Constitución y 15 y 38 del Estatuto de Autonomía para Andalucía, seguir avanzando hacia una sociedad más democrática, más justa y más solidaria.

Artículo 2. Ámbito de aplicación

1. La presente Ley será de aplicación en todo el ámbito territorial de la Comunidad Autónoma de Andalucía.
2. En particular, en los términos establecidos en la propia ley, será de aplicación:
   a) A la Administración de la Junta de Andalucía y sus organismos autónomos, a las empresas de la Junta de Andalucía, a los consorcios, fundaciones y demás entidades con personalidad jurídica propia en los que sea mayoritaria la representación directa de la Junta de Andalucía.
   b) A las entidades que integran la Administración Local, sus organismos autónomos, consorcios, fundaciones y demás entidades con personalidad jurídica propia en los que sea mayoritaria la representación directa de dichas entidades.
   c) Al sistema universitario andaluz.
3. Igualmente, será de aplicación a las personas físicas y jurídicas, en los términos establecidos en la presente Ley.

Artículo 3. Definiciones

1. Se entiende por discriminación directa por razón de sexo la situación en que se encuentra una persona que sea, haya sido o pudiera ser tratada, en atención a su sexo, de manera menos favorable que otra en situación equiparable.
2. Se entiende por discriminación indirecta por razón de sexo la situación en que la aplicación de una disposición, criterio o práctica aparentemente neutros pone a las personas de un sexo en desventaja particular con respecto a las personas del otro, salvo que la aplicación de dicha disposición, criterio o práctica pueda justificarse objetivamente en atención a una finalidad legítima y que los medios para alcanzar dicha finalidad sean necesarios y adecuados.
3. Se entiende por representación equilibrada aquella situación que garantice la presencia de mujeres y hombres de forma que, en el conjunto de personas a que se refiera, cada sexo ni supere el sesenta por ciento ni sea menos del cuarenta por ciento.

4. El condicionamiento de un derecho o de una expectativa de derecho a la aceptación de una situación constitutiva de acoso sexual o de acoso por razón de sexo se considerará acto de discriminación por razón de sexo. Tendrá la misma consideración cualquier tipo de acoso.

5. Se entiende por transversalidad el instrumento para integrar la perspectiva de género en el ejercicio de las competencias de las distintas políticas y acciones públicas, desde la consideración sistemática de la igualdad de género.

6. Se entiende por acoso sexual la situación en que se produce cualquier comportamiento verbal, no verbal o físico de índole sexual, con el propósito o el efecto de atentar contra la dignidad de una persona, en particular cuando se crea un entorno intimidatorio, hostil, degradante, humillante u ofensivo.

7. Se entiende por acoso por razón de sexo la situación en que se produce un comportamiento relacionado con el sexo de una persona, con el propósito o el efecto de atentar contra la dignidad de la persona y crear un entorno intimidatorio, hostil, degradante, humillante u ofensivo.

Artículo 4. Principios generales

Para la consecución del objeto de esta ley, serán principios generales de actuación de los poderes públicos de Andalucía, en el marco de sus competencias:

1. La igualdad de trato entre mujeres y hombres, que supone la ausencia de toda discriminación, directa o indirecta, por razón de sexo, en los ámbitos económico, político, social, laboral, cultural y educativo, en particular, en lo que se refiere al empleo, a la formación profesional y a las condiciones de trabajo.

2. La adopción de las medidas necesarias para la eliminación de la discriminación y, especialmente, aquellas que incidan en la creciente feminización de la pobreza.

3. El reconocimiento de la maternidad, biológica o no biológica, como un valor social, evitando los efectos negativos en los derechos de las mujeres y la consideración de la paternidad en un contexto familiar y social de corresponsabilidad, de acuerdo con los nuevos modelos de familia.

4. El fomento de la corresponsabilidad, a través del reparto equilibrado entre mujeres y hombres de las responsabilidades familiares, de las tareas domésticas y del cuidado de las personas en situación de dependencia.

5. La adopción de las medidas específicas necesarias destinadas a eliminar las desigualdades de hecho por razón de sexo que pudieran existir en los diferentes ámbitos.

6. La especial protección del derecho a la igualdad de trato de aquellas mujeres o colectivos de mujeres que se encuentren en riesgo de padecer múltiples situaciones de discriminación.

7. La promoción del acceso a los recursos de todo tipo a las mujeres que viven en el medio rural y su participación plena, igualitaria y efectiva en la economía y en la sociedad.

8. El fomento de la participación o composición equilibrada de mujeres y hombres en los distintos órganos de representación y de toma de decisiones, así como en las candidaturas a las elecciones al Parlamento de Andalucía.

9. El impulso de las relaciones entre las distintas Administraciones, instituciones y agentes sociales sustentadas en los principios de colaboración, coordinación y cooperación, para garantizar la igualdad entre mujeres y hombres.

10. La adopción de las medidas necesarias para eliminar el uso sexista del lenguaje, y garantizar y promover la utilización de una imagen de las mujeres y los hombres, fundamentada en la igualdad de sexos, en todos los ámbitos de la vida pública y privada.

11. La adopción de las medidas necesarias para permitir la compatibilidad efectiva entre responsabilidades laborales, familiares y personales de las mujeres y los hombres en Andalucía.

12. El impulso de la efectividad del principio de igualdad en las relaciones entre particulares.

13. La incorporación del principio de igualdad de género y la coeducación en el sistema educativo.

14. La adopción de medidas que aseguren la igualdad entre hombres y mujeres en lo que se refiere al acceso al empleo, a la formación, promoción profesional, igualdad salarial y a las condiciones de trabajo.

TÍTULO I.
Políticas públicas para la promoción de la igualdad de género

CAPÍTULO I.
Integración de la perspectiva de género en las políticas públicas

Artículo 5. Transversalidad de género

Los poderes públicos potenciarán que la perspectiva de la igualdad de género esté presente en la elaboración, ejecución y seguimiento de las disposiciones normativas, de las políticas en todos los ámbitos de actuación, considerando sistemáticamente las prioridades y necesidades propias de las mujeres y de los hombres, teniendo en cuenta su incidencia en la situación específica de unas y otros, al objeto de adaptarlas para eliminar los efectos discriminatorios y fomentar la igualdad de género.

Artículo 6. Evaluación de impacto de género

1. Los poderes públicos de Andalucía incorporarán la evaluación del impacto de género en el desarrollo de sus competencias, para garantizar la integración del principio de igualdad entre hombres y mujeres.

2. Todos los proyectos de ley, disposiciones reglamentarias y planes que apruebe el Consejo de Gobierno incorporarán, de forma efectiva, el objetivo de la igualdad por razón de género. A tal fin, en el proceso de tramitación de esas decisiones, deberá emitirse, por parte de quien reglamentariamente corresponda, un informe de evaluación del impacto de género del contenido de las mismas.

3. Dicho informe de evaluación de impacto de género irá acompañado de indicadores pertinentes en género, mecanismos y medidas dirigidas a paliar y neutralizar los posibles impactos negativos que se detecten sobre las mujeres y los hombres, así como a reducir o eliminar las diferencias encontradas, promoviendo de esta forma la igualdad entre los sexos.

Artículo 7. Plan estratégico para la igualdad de mujeres y hombres

El Plan estratégico para la igualdad de mujeres y hombres se aprobará cada cuatro años a partir del año siguiente al de entrada en vigor de la presente Ley por el Consejo de Gobierno, a propuesta de la Consejería competente en materia de igualdad, e incluirá medidas para alcanzar el objetivo de la igualdad entre mujeres y hombres y para eliminar la discriminación por razón de sexo.

Artículo 8. Enfoque de género en el presupuesto

1. El Presupuesto de la Comunidad Autónoma de Andalucía será un elemento activo en la consecución de forma efectiva del objetivo de la igualdad entre mujeres y hombres; a tal fin, la Comisión de Impacto de Género en los Presupuestos, dependiente de la Consejería de Economía y Hacienda, con participación del Instituto Andaluz de la Mujer, emitirá el informe de evaluación de impacto de género sobre el anteproyecto de Ley del Presupuesto.

2. La Comisión de Impacto de Género en los Presupuestos impulsará y fomentará la preparación de anteproyectos con perspectiva de género en las diversas Consejerías y la realización de auditorías de género en las Consejerías, empresas y organismos de la Junta de Andalucía.

Artículo 9. Lenguaje no sexista e imagen pública

La Administración de la Junta de Andalucía garantizará un uso no sexista del lenguaje y un tratamiento igualitario en los contenidos e imágenes que utilicen en el desarrollo de sus políticas.

Artículo 10. Estadísticas e investigaciones con perspectiva de género

1. Los poderes públicos de Andalucía, para garantizar de modo efectivo la integración de la perspectiva de género en su ámbito de actuación, deberán:

   a) Incluir sistemáticamente la variable sexo en las estadísticas, encuestas y recogida de datos que realicen.

   b) Incorporar indicadores de género en las operaciones estadísticas que posibiliten un mejor conocimiento de las diferencias en los valores, roles, situaciones, condiciones, aspiraciones y necesidades de mujeres y hombres, su manifestación e interacción en la realidad que se vaya a analizar.

   c) Analizar los resultados desde la dimensión de género.

2. Asimismo, realizarán análisis e investigaciones sobre la situación de desigualdad por razón de sexo y difundirán sus resultados. Especialmente, contemplarán la situación y necesidades de las mujeres en el medio rural, y de aquellos colectivos de mujeres sobre los que influyen diversos factores de discriminación.

CAPÍTULO II.
Promoción de la igualdad de género por la Junta de Andalucía

Artículo 11. Representación equilibrada de los órganos directivos y colegiados

1. Se garantizará la representación equilibrada de hombres y mujeres en el nombramiento de titulares de órganos directivos de la Administración de la Junta de Andalucía cuya designación corresponda al Consejo de Gobierno.

2. En la composición de los órganos colegiados de la Administración de la Junta de Andalucía deberá respetarse la representación equilibrada de mujeres y hombres. Este mismo criterio de representación se observará en la modificación o renovación de dichos órganos. A tal efecto, se tendrá en cuenta lo siguiente:

   a) Del cómputo se excluirán aquellas personas que formen parte en función del cargo específico que desempeñen.

   b) Cada organización, institución o entidad a las que corresponda la designación o propuesta, facilitará la composición de género que permita la representación equilibrada.

Artículo 12. Contratación pública

1. La Administración de la Junta de Andalucía, a través de sus órganos de contratación, podrá establecer condiciones especiales en relación con la ejecución de los contratos que celebren, con el fin de promover la igualdad entre mujeres y hombres en el mercado de trabajo, siempre dentro del marco proporcionado por la normativa vigente.

2. Los órganos de contratación de la Administración de la Junta de Andalucía señalarán, en los pliegos de cláusulas administrativas particulares, la preferencia de la adjudicación de los contratos para las proposiciones presentadas por aquellas empresas que, en el momento de acreditar su solvencia técnica, tengan la marca de excelencia o desarrollen medidas destinadas a lograr la igualdad de oportunidades, y las medidas de igualdad aplicadas permanezcan en el tiempo y mantengan la efectividad, de acuerdo con las condiciones que reglamentariamente se establezcan. Todo ello, sin perjuicio de lo establecido en el apartado primero de la disposición adicional octava del Texto Refundido de la Ley de Contratos de las Administraciones Públicas, aprobado por Real Decreto Legislativo 2/2000, de 16 de junio.

Artículo 13. Ayudas y Subvenciones

1. La Administración de la Junta de Andalucía incorporará a las bases reguladoras de las subvenciones públicas la valoración de actuaciones de efectiva consecución de la igualdad de género por parte de las entidades solicitantes, salvo en aquellos casos en que, por la naturaleza de la subvención o de las entidades solicitantes, esté justificada su no incorporación.

2. La Administración de la Junta de Andalucía no formalizará contratos, ni subvencionará, bonificará o prestará ayudas públicas a aquellas empresas sancionadas o condenadas por resolución administrativa firme o sentencia judicial firme por alentar o tolerar prácticas laborales consideradas discriminatorias por la legislación vigente.

TÍTULO II.
Medidas para promover la igualdad de género

CAPÍTULO I.
Igualdad en la educación

SECCIÓN 1.ª.
Enseñanza no universitaria

Artículo 14. Principio de igualdad en la educación

1. El principio de igualdad entre mujeres y hombres inspirará el sistema educativo andaluz y el conjunto de políticas que desarrolle la Administración educativa. Las acciones que realicen los centros educativos de la Comunidad Autónoma contemplarán la perspectiva de género en la elaboración, desarrollo y seguimiento de sus actuaciones.

2. La Administración educativa potenciará la participación equilibrada de mujeres y hombres en los puestos directivos y de decisión. Asimismo, formulará acciones de conciliación de la vida laboral y familiar para favorecer la promoción profesional y curricular de todo el personal docente.

Artículo 15. Promoción de la igualdad de género en los centros educativos

1. La Administración educativa andaluza garantizará la puesta en marcha de proyectos coeducativos en los centros educativos que fomenten la construcción de las relaciones de mujeres y hombres, sobre la base de criterios de igualdad que ayuden a identificar y eliminar las situaciones de discriminación y las de violencia de género.

2. La Administración educativa andaluza garantizará que todos los centros educativos cuenten con una persona responsable de coeducación, con formación específica, que impulse la igualdad de género y facilite un mayor conocimiento de los obstáculos y discriminaciones que dificultan la plena igualdad de mujeres y hombres mediante actuaciones y actividades dirigidas a:

   a) Hacer visible y reconocer la contribución de las mujeres en las distintas facetas de la historia, la ciencia, la política, la cultura y el desarrollo de la sociedad.

   b) Garantizar que el alumnado adquiera la formación adecuada para fomentar su autonomía personal y los conocimientos y habilidades para compartir responsabilidades domésticas, familiares y de cuidado, y contribuir a eliminar comportamientos y actitudes sexistas.

   c) Incorporar el aprendizaje de métodos no violentos para la resolución de conflictos y de modelos de convivencia basados en la diversidad y en el respeto a la igualdad de mujeres y hombres, y visualizar ante el alumnado a los grupos de mujeres en situación de múltiple discriminación.

   d) Fomentar la diversificación profesional como forma de promover una elección académica y profesional libre y como vía de eliminación progresiva de la segregación ocupacional vertical y horizontal.

   e) Asesorar al profesorado en la puesta en práctica de actuaciones o proyectos de igualdad.

   f) Promover el respeto a la libre orientación sexual y el rechazo a todo tipo de violencia o agresión sexual.

3. La Administración educativa, a través de programas de sensibilización con un enfoque de género, abordará los contenidos relacionados con la educación sexual, la prevención de los embarazos no deseados y las enfermedades de transmisión sexual.

4. La Administración educativa promoverá la diversificación en la elección de alumnos y alumnas hacia carreras profesionales donde estén infrarrepresentados.

5. La Administración educativa impulsará la elaboración de Planes de Igualdad en Educación que posibiliten la puesta en marcha de acciones para educar en igualdad, con la participación de padres, madres, profesorado y alumnado.

Artículo 16. Materiales curriculares y libros de texto

1. La Administración educativa andaluza garantizará que en los libros de texto y materiales curriculares se eliminen los prejuicios culturales y los estereotipos sexistas o discriminatorios, incidiendo en la erradicación de modelos en los que aparezcan situaciones de desigualdad y violencia de género, valorando los que mejor respondan a la coeducación entre las niñas y los niños.
2. La Administración educativa trasladará al profesorado, a las empresas editoriales y a los consejos escolares las instrucciones relativas a los criterios de selección de los materiales curriculares, teniendo en cuenta lo expresado en este precepto.

Artículo 17. Formación del profesorado

La Administración educativa adoptará las medidas necesarias para incluir en los planes de formación inicial y continua del profesorado una preparación específica en materia de igualdad de oportunidades de mujeres y hombres, coeducación, violencia de género y educación sexual.

Artículo 18. Consejos escolares

1. En los consejos escolares de los centros públicos y privados concertados y en el Consejo Escolar de Andalucía se designará una persona, con formación en igualdad de género, que impulse y lleve a cabo el seguimiento de medidas educativas que fomenten la igualdad real y efectiva entre hombres y mujeres.
2. La composición del consejo escolar respetará el equilibrio entre ambos sexos. Asimismo, en el Consejo Escolar de Andalucía participará una persona en representación del Instituto Andaluz de la Mujer.

Artículo 19. Inspección educativa

1. Los servicios de inspección educativa de Andalucía velarán por el cumplimiento de los principios y valores destinados a fomentar la igualdad real entre mujeres y hombres, establecidos en la presente Ley.
2. La inspección educativa tendrá entre sus actuaciones el asesoramiento, supervisión y evaluación de la educación para la igualdad de mujeres y hombres. En este sentido, supervisará el respeto de esta normativa en los materiales curriculares, libros de texto y, en general, en todas las programaciones didácticas.

3. La Administración educativa de Andalucía organizará periódicamente actividades formativas dirigidas a los servicios de inspección educativa, sobre educación para la igualdad entre mujeres y hombres, inspirada en los principios de pluralismo y diversidad.

SECCIÓN 2.ª.
Enseñanza universitaria

Artículo 20. Igualdad de oportunidades en la Educación Superior

1. El sistema universitario andaluz, en el ámbito de sus competencias, fomentará la igualdad de oportunidades de mujeres y hombres con relación a la carrera profesional. Igualmente, desarrollará medidas de conciliación de la vida laboral y familiar para favorecer la promoción profesional y curricular de todo el personal docente y no docente.

2. El sistema universitario andaluz adoptará las medidas necesarias para que se incluyan enseñanzas en materia de igualdad entre mujeres y hombres en los planes de estudios universitarios que proceda.

3. Asimismo, el sistema universitario andaluz, dentro del respeto a la autonomía universitaria, y a tenor de lo establecido en su legislación específica, impulsará medidas para promover la representación equilibrada entre mujeres y hombres en la composición de los órganos colegiados de las universidades y comisiones de selección y evaluación.

Artículo 21. Proyectos de investigación

1. El sistema universitario andaluz impulsará la presencia equilibrada de mujeres y hombres en el ámbito de la investigación, la ciencia y la tecnología.

2. El sistema universitario andaluz promoverá que se reconozcan los estudios de género como mérito a tener en cuenta en la evaluación de la actividad docente, investigadora y de gestión del personal docente e investigador de las universidades públicas de Andalucía.

3. Las Administraciones públicas de Andalucía, en el ámbito de sus competencias, fomentarán el apoyo a la formación y a la investigación en materia de igualdad entre mujeres y hombres y promoverán y velarán por que en los proyectos de investigación de los que se puedan extraer resultados para las personas tengan en cuenta la perspectiva de género.

CAPÍTULO II.
De la igualdad en el empleo

Artículo 22. Igualdad de oportunidades en el acceso al empleo

1. Será un objetivo prioritario de la actuación de la Administración de la Junta de Andalucía la igualdad de oportunidades en el empleo. A tal efecto, se llevarán a cabo políticas de fomento del empleo y actividad empresarial que impulsen la presencia de mujeres y hombres en el mercado de trabajo con un empleo de calidad, y una mejor conciliación de la vida laboral, familiar y personal.

2. La Administración de la Junta de Andalucía desarrollará las medidas de acción positiva destinadas a garantizar la igualdad de oportunidades y la superación de las situaciones de segregación profesional, tanto vertical como horizontal, así como las que supongan desigualdades retributivas.

SECCIÓN 1.ª.
De la igualdad laboral en el sector privado y en la Función Pública andaluza

Subsección 1.ª.
Igualdad en el ámbito laboral en el sector privado

Artículo 23. Políticas de empleo

1. Las Administraciones Públicas de Andalucía, en el marco de sus competencias, impulsarán la transversalidad de género como instrumento para integrar la perspectiva de género en el diseño, ejecución, seguimiento y evaluación de las políticas de empleo que se desarrollen en el ámbito de la Comunidad Autónoma, incluyéndose, en su caso, las medidas específicas y necesarias.

2. La Administración de la Junta de Andalucía garantizará la participación de mujeres en el desarrollo de los programas de políticas activas de empleo, que aseguren la coordinación de los diferentes dispositivos y contemplen las necesidades que impidan o dificulten el acceso de las mujeres a los mismos, con especial atención a las mujeres que presenten una mayor vulnerabilidad y discriminación.

3. La Administración de la Junta de Andalucía prestará especial atención a colectivos de mujeres en los que se unan varias causas de discriminación.

4. El Servicio Andaluz de Empleo no podrá tramitar ninguna oferta de empleo discriminatoria por razón de sexo. A tal efecto, se formará a su personal para incorporar la perspectiva de género en el proceso de inserción laboral.

5. Asimismo, posibilitará que el personal de los servicios de empleo y entidades colaboradoras disponga de la formación necesaria en igualdad de oportunidades, para la incorporación efectiva de la perspectiva de género en el proceso de inserción laboral.
6. Las empresas están obligadas a respetar la igualdad de trato y de oportunidades en el ámbito laboral y, con esta finalidad, deberán adoptar medidas dirigidas a evitar cualquier tipo de discriminación laboral entre mujeres y hombres.
7. Corresponde a la Junta de Andalucía, en el marco de la legislación del Estado y del Estatuto de Autonomía para Andalucía, garantizar que en la elaboración de los Planes de Actuación de la Inspección de Trabajo se recoja como objetivo prioritario la actuación contra la discriminación laboral directa e indirecta, para tal fin se dotará de los recursos necesarios para la eficacia de las actuaciones.
8. La Administración de la Junta de Andalucía realizará estudios sobre las estimaciones del valor económico que tiene el trabajo doméstico y el cuidado de las personas que se realiza en la Comunidad Autónoma de Andalucía. El resultado de dichos estudios será difundido, con el fin de dar a conocer su contribución a la economía y a la sociedad andaluza.

Artículo 24. Incentivos a la contratación de mujeres

Se establecerán incentivos a la contratación estable de las mujeres, atendiendo con carácter prioritario a aquellos sectores y categorías laborales en los que se encuentren subrepresentadas, así como a sus situaciones singulares.

Artículo 25. Promoción empresarial

Los poderes públicos de Andalucía, en el marco de sus políticas de fomento empresarial, contemplarán ayudas específicas a mujeres para la creación de empresas o ayudas al autoempleo. Asimismo, establecerán medidas de formación, asesoramiento y seguimiento que permitan la consolidación de los proyectos empresariales.

Artículo 26. Calidad en el empleo

1. La Administración de la Junta de Andalucía garantizará la igualdad de género en el acceso al empleo. En especial, incidirá en aspectos relacionados con la estabilidad, la calidad y la igualdad de remuneración entre mujeres y hombres. Asimismo, fomentará la igualdad en la promoción profesional, en la participación en procesos de formación continua, en el desarrollo de la trayectoria profesional, y velará por la prevención del acoso sexual y acoso por razón de sexo.
2. La Administración de la Junta de Andalucía garantizará la igualdad de oportunidades en todas las facetas de la relación laboral y, en especial, en relación con la igualdad de retribución por trabajo de igual valor. A tal fin, promoverá que, en los planes de actuación de la Inspección de Trabajo y Seguridad Social, tenga carácter prioritario el cumplimiento del principio de igualdad de oportunidades en el ámbito laboral y del empleo.

3. Las Administraciones públicas de Andalucía, con la colaboración de los agentes sociales, incentivarán la calidad en el empleo y la promoción de la igualdad de mujeres y hombres.

Artículo 27. Planes de igualdad y presencia equilibrada en el sector empresarial

1. La Administración de la Junta de Andalucía fomentará y prestará apoyo y asesoramiento para la elaboración de los planes de igualdad en las empresas privadas que no estén obligadas por la Ley Orgánica 3/2007, de 22 de marzo, para la igualdad efectiva de mujeres y hombres. Dichos planes, sin perjuicio de lo dispuesto en la normativa básica sobre la materia, deberán contemplar medidas para el acceso al empleo, la promoción, la formación, la igualdad retributiva; medidas para fomentar la conciliación de la vida familiar y laboral, la protección frente el acoso sexual y el acoso por razón de sexo, así como incluir criterios y mecanismos de seguimiento, evaluación y actuación.

2. Las empresas procurarán la presencia equilibrada de mujeres y hombres en sus órganos de dirección.

3. Las organizaciones empresariales procurarán la presencia equilibrada de mujeres y hombres en sus órganos de dirección.

4. Los programas de formación incluidos en los Planes de Igualdad de las empresas priorizarán las acciones formativas cuyo objetivo sea la igualdad entre mujeres y hombres dentro de la organización.

Artículo 28. Negociación colectiva

1. Partiendo del pleno respeto al principio constitucional de la autonomía en la negociación colectiva, la Administración de la Junta de Andalucía fomentará la inclusión de cláusulas destinadas a promover y garantizar la igualdad de oportunidades y la no discriminación por razón de género en la negociación colectiva en Andalucía. Se promoverá la elaboración de recomendaciones o cláusulas tipo en esta materia, y en materia de conciliación de la vida laboral, familiar y personal.

2. Se realizarán actividades de sensibilización destinadas a fomentar la participación de las mujeres en la negociación colectiva. En los estudios que se realicen sobre la negociación se incluirá el papel de la mujer en la misma.

3. La Administración de la Junta de Andalucía garantizará que los convenios colectivos:

   a) No contengan cláusulas contrarias al principio de igualdad de oportunidades de mujeres y hombres, ya sea esta discriminación directa o indirecta, y que no establezcan diferencias retributivas por razón de género.

   b) Hagan un uso no sexista del lenguaje.

4. Las organizaciones sindicales procurarán la presencia equilibrada de mujeres y hombres en sus órganos de dirección.
5. La Administración de la Junta de Andalucía promoverá que los convenios colectivos incluyan el correspondiente análisis de impacto de género.

Artículo 29. Seguridad y salud laboral

1. Las Administraciones públicas de Andalucía promoverán una concepción integral de la salud que tenga en cuenta tanto los riesgos físicos como psicosociales, atendiendo a las diferencias de las mujeres y de los hombres.
2. Se adoptarán las medidas adecuadas de protección relativas a la salud y a la seguridad de las trabajadoras embarazadas que hayan dado a luz recientemente o que se encuentren en período de lactancia.
3. Se considerará discriminación por razón de sexo todo trato desfavorable a las mujeres relacionado con el embarazo o la maternidad.

Artículo 30. Acoso sexual y acoso por razón de sexo

1. Las Administraciones públicas de Andalucía adoptarán las medidas necesarias, en su ámbito competencial, para que exista un entorno laboral libre de acoso sexual y de acoso por razón de sexo. En este sentido, tendrán la consideración de conductas que afectan a la salud laboral, y su tratamiento y prevención deberán abordarse desde esta perspectiva, sin perjuicio de la responsabilidad penal, laboral y civil que se derive.

Igualmente, y con esta finalidad, se establecerán medidas que deberán negociarse con los representantes de las trabajadoras y los trabajadores, tales como la elaboración y difusión de códigos de buenas prácticas, la realización de campañas informativas o acciones de formación.

2. En todo caso, se considerarán discriminatorios el acoso sexual y el acoso por razón de sexo, y, a tal efecto, las Administraciones públicas arbitrarán los protocolos de actuación con las medidas de prevención y protección necesarias frente a las consecuencias derivadas de estas situaciones, garantizando la prontitud y confidencialidad en la tramitación de las denuncias y el impulso de las medidas cautelares.
3. Los protocolos de actuación contemplarán las indicaciones a seguir ante situaciones de acoso sexual y acoso por razón de sexo.
4. La Consejería competente en materia de igualdad impulsará la elaboración de dichos protocolos y realizará el seguimiento y evaluación de los mismos.
5. Las Administraciones Públicas Andaluzas, en el ámbito de sus competencias, garantizarán el asesoramiento jurídico y psicológico especializado a las víctimas de acoso sexual y acoso relacionado con el sexo y el apoyo en ambos supuestos.

Subsección 2.ª.
Igualdad en el Sector Público

Artículo 31. Empleo en el sector público andaluz

1. Al objeto de acceder al empleo público en la Administración de la Junta de Andalucía, los temarios para la celebración de pruebas selectivas incluirán materias relativas a la normativa sobre igualdad y violencia de género.
2. Para que la igualdad de oportunidades entre mujeres y hombres sea integrada en el desarrollo de la actividad pública, la Administración de la Junta de Andalucía garantizará la formación de su personal en esta materia.
3. Las ofertas públicas de empleo de la Administración de la Junta de Andalucía deberán ir acompañadas de un informe de impacto de género.

Artículo 32. Planes de igualdad en la Administración pública

1. La Administración de la Junta de Andalucía, sus empresas públicas y entidades instrumentales elaborarán, periódicamente, planes de igualdad.
2. En estos planes, se establecerán los objetivos a alcanzar en materia de igualdad de trato y de oportunidades en el empleo público, así como las estrategias y medidas a adoptar para su consecución.
3. Los planes de igualdad serán evaluados y establecerán medidas correctoras, en su caso, cada cuatro años.

Artículo 33. Protección frente al acoso sexual y al acoso por razón de sexo

La Administración de la Junta de Andalucía adoptará las medidas necesarias para una protección eficaz frente al acoso sexual y el acoso por razón de sexo, tanto en el ámbito de la Administración Pública como en el de las empresas privadas.

SECCIÓN 2.ª.
Responsabilidad social y marca de excelencia

Artículo 34. Actuaciones de responsabilidad social de las empresas en materia de igualdad

1. Sin perjuicio de las normas en materia de empleo recogidas en el presente Título, las empresas podrán asumir, en virtud de acuerdos, con la representación legal de

las trabajadoras y trabajadores, instituciones, organismos y asociaciones para la igualdad de género, actuaciones de responsabilidad social, a través de medidas económicas, comerciales, laborales, asistenciales o de otra índole, con la finalidad de mejorar la situación de igualdad entre mujeres y hombres en la empresa.

2. Los poderes públicos de Andalucía impulsarán medidas para fomentar el desarrollo de actuaciones de responsabilidad social de las empresas en materia de igualdad de género.

Artículo 35. Marca de excelencia en igualdad

1. El Consejo de Gobierno de la Junta de Andalucía establecerá un reconocimiento para distinguir a aquellas entidades comprometidas con la igualdad entre mujeres y hombres, con la finalidad de incentivar las iniciativas empresariales que implanten medidas para la promoción de la igualdad en la gestión de los recursos humanos, así como mejoras en la calidad del empleo de las mujeres. Se valorará:

   a) La equilibrada representación de mujeres y hombres en los grupos y categorías profesionales y la adopción de medidas de acción positiva en el acceso al empleo y en la promoción profesional en los niveles en los que las mujeres estén subrepresentadas.

   b) Las garantías de igualdad de retribución por trabajos de igual valor.

   c) Las medidas concretas de conciliación de la vida laboral, familiar y personal.

   d) La implantación de medidas adecuadas de prevención y sanción contra la violencia de género, acoso sexual y por razón de sexo.

   e) La publicidad no sexista.

   f) La implantación de un Plan de Igualdad en la Empresa.

   g) La implementación de actuaciones de responsabilidad social en materia de igualdad de oportunidades.

2. Los criterios para la obtención, el control de la ejecución y la renovación de la marca de excelencia serán establecidos reglamentariamente.

CAPÍTULO III.
Conciliación de la vida laboral, familiar y personal

Artículo 36. Derecho y deber de la corresponsabilidad de hombres y mujeres en el ámbito público y privado

1. Las mujeres y los hombres en Andalucía tienen el derecho y el deber de compartir adecuadamente las responsabilidades familiares, las tareas domésticas y el cui-

dado y la atención de las personas en situación de dependencia, posibilitando la conciliación de la vida laboral, personal y familiar y la configuración de su tiempo, para alcanzar la efectiva igualdad de oportunidades de mujeres y hombres.

2. Las Administraciones públicas de Andalucía adoptarán medidas para garantizar la conciliación de la vida laboral, familiar y personal de las mujeres y hombres, teniendo en cuenta los nuevos modelos de familia y la situación de las mujeres que viven en el medio rural.

Artículo 37. Organización de espacios, horarios y creación de servicios

1. Para facilitar la conciliación de la vida laboral, familiar y personal a través de un reparto equilibrado del tiempo de hombres y mujeres, la Administración de la Junta de Andalucía, en colaboración con las Entidades Locales, promoverá la elaboración de planes de diseño y organización de los espacios que faciliten la funcionalidad de la ciudad, propicien la proximidad de las dotaciones y servicios y minimicen los desplazamientos y tiempos de acceso.
2. Se promoverá la coordinación entre los horarios laborales y el de los centros educativos.
3. Asimismo, se impulsará la creación de infraestructuras y servicios para facilitar el cumplimiento de las responsabilidades familiares y el cuidado y atención de menores y de personas en situación de dependencia.

SECCIÓN 1.ª.
De la conciliación en las empresas privadas

Artículo 38. Conciliación en las empresas

1. La Junta de Andalucía impulsará medidas que favorezcan, en la empresa, la conciliación de la vida laboral, familiar y personal.
2. Asimismo, se podrá incentivar a las empresas para que proporcionen servicios y medidas destinadas a facilitar la conciliación de la vida laboral, familiar y personal, mediante la creación de centros infantiles en el ámbito laboral, infraestructuras y servicios adecuados.
3. La Junta de Andalucía impulsará la creación de centros infantiles en polígonos industriales y parques tecnológicos que posibiliten, a los hombres y mujeres, la conciliación de la vida laboral, familiar y personal.

SECCIÓN 2.ª.
De la conciliación en la Función Pública andaluza

Artículo 39. Conciliación en el empleo público

La Administración de la Junta de Andalucía impulsará medidas de flexibilización horaria y jornadas parciales, así como la creación de centros infantiles en los centros de trabajo, para facilitar la conciliación de la vida laboral y familiar de las empleadas y empleados públicos, y hacer posible un reparto equilibrado de las tareas y responsabilidades familiares domésticas.

Artículo 40. Permiso de paternidad

1. La Administración de la Junta de Andalucía establecerá un permiso de paternidad, de hasta cuatro semanas, individual y no transferible a favor de todo su personal en los casos de nacimiento de hija o hijo, adopción o acogimiento permanente de menores de hasta 6 años.
2. Asimismo, se establecerá un permiso de las mismas características señaladas en el apartado anterior cuando progenitores adoptantes o acogedores tengan el mismo sexo, que disfrutará la persona a la que no le correspondiera el permiso por parto, adopción o acogimiento establecido con carácter general.
3. Las condiciones de acceso y las modalidades de los indicados permisos se establecerán reglamentariamente.

CAPÍTULO IV.
Políticas de promoción y protección de la salud y de bienestar social

SECCIÓN 1.ª.
Promoción y protección de la salud

Artículo 41. Políticas de salud

1. El sistema sanitario público de Andalucía impulsará, en los ámbitos de promoción de salud y prevención de la enfermedad, las medidas necesarias para atender a las diferentes necesidades de hombres y mujeres, adaptando las actividades a las características de cada sexo.
2. Asimismo, impulsarán la aplicación de medidas que permitan la atención específica a las necesidades en materia de salud que, por razón de sexo, presenten las mujeres, con especial atención a los colectivos menos favorecidos.

3. Igualmente, se establecerán las medidas que garanticen, en el ámbito territorial de la Comunidad Autónoma, la integridad física y psíquica de las mujeres y niñas, impidiendo la realización de prácticas médicas o quirúrgicas que atenten contra dicha integridad.

4. Asimismo, se establecerán medidas que garanticen la accesibilidad a los servicios sanitarios y prestaciones complementarias en condiciones de igualdad entre hombres y mujeres y de forma compatible con la conciliación de la vida familiar y laboral.

5. Se impulsarán las medidas necesarias para apoyar a las personas cuidadoras de personas dependientes, especialmente en materia de accesibilidad a los servicios y prestaciones complementarias del sistema sanitario público de Andalucía, y se proporcionará formación adecuada para mejorar el cuidado a las personas dependientes a su cargo.

6. Se impulsarán las medidas necesarias para evitar los embarazos no deseados, con especial atención a las mujeres adolescentes, a través de políticas de promoción y acceso a la planificación familiar.

7. Se impulsarán las medidas necesarias para la prevención y tratamiento de enfermedades que afectan especialmente a las mujeres, como la anorexia, la bulimia o la fibromialgia.

Artículo 42. Investigación biomédica

1. La Administración de la Junta de Andalucía impulsará el enfoque de género en las diferentes líneas y proyectos de investigación biomédica, de forma que permita conocer los diferentes modos de enfermar y de respuesta terapéutica de las mujeres y los hombres.

2. La Administración sanitaria incorporará a los estudios de investigación y de opinión sobre los servicios sanitarios, así como en las encuestas de salud, indicadores que permitan conocer los datos relativos a mujeres y hombres, tanto de forma desagregada por sexos como en forma global.

SECCIÓN 2.ª.
Políticas de bienestar social

Artículo 43. Igualdad en las políticas de bienestar social

1. Los poderes públicos de Andalucía integrarán la perspectiva de género en el desarrollo de las políticas de bienestar social. En este sentido, se establecerán programas específicos para mujeres mayores, mujeres con discapacidad, en riesgo de exclusión social, o dirigidos a mujeres en situación de especial vulnerabilidad.

2. Igualmente, promoverán las acciones necesarias para eliminar la discriminación por opción sexual y transexualidad, garantizando la libertad de decisión individual.

Artículo 44. Mujeres mayores

Los poderes públicos de Andalucía, en el contexto de la programación de acciones destinadas a las personas mayores, establecerán programas específicos dirigidos a las mujeres mayores, incidiendo en los aspectos afectivos, emocionales, atendiendo a las necesidades de las que se encuentran en situación de soledad, así como promoviendo su participación en actividades socioculturales y asociativas.

Artículo 45. Cuidadoras y cuidadores de personas dependientes

1. En desarrollo de políticas de atención a las personas dependientes en Andalucía, la Administración de la Junta de Andalucía establecerá medidas para la corresponsabilidad y programas de apoyo a cuidadores y cuidadoras, conforme se determine reglamentariamente.
2. Asimismo, se proporcionará a las personas cuidadoras un acceso permanente a la información, la formación y el asesoramiento adecuado que les ayude a mejorar su calidad de vida.

Artículo 46. Inclusión social

1. Los poderes públicos de Andalucía, en el marco de garantías para la inclusión social, desarrollarán acciones dirigidas a quienes se encuentren en situación de especial vulnerabilidad, estableciendo estrategias que contemplen el enfoque de género en las políticas de intervención, especialmente en las relativas al acceso al empleo y a la formación.
2. Se tendrán en cuenta las singulares dificultades en que se encuentran las mujeres de colectivos de especial vulnerabilidad, tales como las que pertenezcan a minorías, mujeres de etnia gitana, mujeres inmigrantes, niñas, mujeres con discapacidad y mujeres prostituidas.
3. Los poderes públicos de Andalucía promoverán medidas para mejorar las condiciones de las mujeres que se encuentren en una situación de precariedad económica, derivada del impago de pensiones compensatorias y alimentarias fijadas en convenio judicialmente aprobado o resolución judicial en casos de nulidad matrimonial, separación legal, divorcio, extinción de pareja de hecho por ruptura o proceso de filiación o de alimentos.

Artículo 47. Tráfico y explotación sexual de las mujeres

La Administración de la Junta de Andalucía luchará contra la explotación sexual y el tráfico de mujeres y pondrá en marcha acciones de prevención y atención a las mujeres víctimas de explotación sexual. Asimismo, realizará campañas de información y sensibilización sobre la situación de explotación que sufren las mujeres prostituidas.

Artículo 48. Personas con discapacidad

Los poderes públicos de Andalucía, en el contexto general de garantías de los derechos de las personas con discapacidad, desarrollarán acciones para las mujeres con discapacidad, teniendo como eje transversal de las políticas públicas sus necesidades específicas, con el fin de asegurar su inclusión y acceso en igualdad a todos los ámbitos de la sociedad.

Artículo 49. Mujeres migrantes

Los poderes públicos de Andalucía promoverán la integración, participación y promoción de las mujeres migrantes, realizarán actuaciones para promover la interculturalidad y el valor de la diversidad dentro de un marco de derechos y de igualdad plena de las mujeres, velarán por el acceso al empleo y a los servicios de las mujeres migrantes y concederán protección en situaciones de violencia de género.

CAPÍTULO V.
Políticas de promoción y atención a las mujeres

Artículo 50. Planeamiento urbanístico y vivienda

1. Los poderes públicos de Andalucía integrarán la perspectiva de género en el diseño de las políticas y los planes en materia de vivienda, desarrollando programas y actuaciones específicas para distintos grupos sociales y modelos de familia.
2. Asimismo, los poderes públicos de Andalucía, en coordinación y colaboración con las entidades locales en el territorio andaluz, tendrán en cuenta la perspectiva de género en el diseño de las ciudades, en las políticas urbanas, y en la definición y ejecución de los planeamientos urbanísticos.
3. Asimismo, facilitarán el acceso a las viviendas protegidas de las mujeres víctimas de violencia de género y de aquellas que se encuentren en situación de riesgo de exclusión social, en función de las condiciones especialmente gravosas que pudieran concurrir.

Artículo 51. Nuevas tecnologías

1. Los poderes públicos de Andalucía promoverán las acciones que favorezcan la implantación de las nuevas tecnologías, en base a criterios de igualdad, y promoverán la participación de las mujeres en la construcción de la sociedad de la información y del conocimiento.
2. En los proyectos desarrollados en el ámbito de las tecnologías de la información y la comunicación, financiados total o parcialmente por la Administración de la Junta de Andalucía, se garantizará que su lenguaje y contenido no sean sexistas.

Artículo 52. Mujeres del medio rural

1. Los poderes públicos de Andalucía integrarán la perspectiva de género en las actuaciones de desarrollo rural, garantizando que estas intervenciones contemplen las necesidades de las mujeres, permitan su plena participación con equidad en los procesos de desarrollo rural y contribuyan a una igualdad real de oportunidades entre mujeres y hombres.

2. Los poderes públicos de Andalucía desarrollarán acciones dirigidas a eliminar la discriminación de las mujeres del medio rural y favorecer su incorporación al ámbito laboral, a la formación y a las nuevas tecnologías, así como su plena participación en la vida pública. Asimismo, garantizarán el ejercicio del derecho a la titularidad compartida en explotaciones agrarias.

CAPÍTULO VI.
Participación social, política y económica

Artículo 53. Participación política

Las candidaturas para las elecciones al Parlamento de Andalucía garantizarán la presencia equilibrada de mujeres y hombres.

Artículo 54. Participación social

1. Las Administraciones públicas de Andalucía impulsarán medidas para el fomento de la participación social de las mujeres.

2. Asimismo, cooperarán con la iniciativa social y las asociaciones para la promoción de la igualdad de género.

Artículo 55. Fomento de las asociaciones de mujeres

1. Los poderes públicos de Andalucía impulsarán el movimiento asociativo de mujeres y establecerán acciones adecuadas para facilitar su participación en la sociedad.

2. Asimismo, potenciarán todas aquellas iniciativas que persigan la creación de redes de asociaciones de mujeres con el objetivo de incorporar a las mujeres en la actividad pública y facilitar su participación social.

3. Igualmente, fomentarán la creación de órganos locales de participación en relación con la igualdad de oportunidades entre mujeres y hombres, y su coordinación con otros órganos de ámbito territorial similares.

Artículo 56. Participación en ámbitos sociales, políticos, económicos, culturales y deportivos

1. Las Administraciones públicas de Andalucía promoverán la igualdad en la participación de las mujeres y hombres en las actividades sociales, culturales, lúdicas y deportivas que se desarrollen en la Comunidad Autónoma.

2. Las Administraciones públicas favorecerán la efectiva apertura de las disciplinas deportivas a las mujeres impulsando su participación en los diferentes niveles y ámbitos del deporte.

3. Las Administraciones públicas fomentarán la igualdad de oportunidades en la participación de las mujeres y hombres en los ámbitos políticos y económicos.

4. Las Administraciones públicas competentes promoverán la presencia equilibrada de mujeres y hombres en los órganos de dirección y decisión en el ámbito social, político, económico, cultural y deportivo.

CAPÍTULO VII.
Imagen y medios de comunicación

Artículo 57. Imagen de la mujer y del hombre

1. Los poderes públicos de Andalucía promoverán la transmisión de una imagen igualitaria, plural y no estereotipada de los hombres y de las mujeres en todos los medios de información y comunicación, conforme a los principios y valores de nuestro ordenamiento jurídico y las normas específicas que les sean de aplicación.

2. A tales efectos se considerará ilícita, de conformidad con lo previsto en la legislación vigente en esta materia, la publicidad que atente contra la dignidad de la persona o vulnere los valores y derechos reconocidos en la Constitución, especialmente los que refieren sus artículos 18 y 20, apartado 4. Se entenderán incluidos en la previsión anterior los anuncios que presenten a las mujeres de forma vejatoria, bien utilizando particular y directamente su cuerpo o partes del mismo como mero objeto desvinculado del producto que se pretende promocionar, su imagen asociada a comportamientos estereotipados que vulneren los fundamentos de nuestro ordenamiento, coadyuvando a generar la violencia a que se refiere la Ley Orgánica 1/2004, de 28 de diciembre, de Medidas de Protección Integral contra la Violencia de Género.

3. El Consejo Audiovisual de Andalucía, en el cumplimiento de las funciones que tiene asignadas, contribuirá a fomentar la igualdad de género y los comportamientos no sexistas en los contenidos de las programaciones ofrecidas por los medios de comunicación en Andalucía, así como en la publicidad que emitan.

Artículo 58. Medios de comunicación social

1. Los medios de comunicación social, cuya actividad se encuentre sujeta al ámbito competencial de la Comunidad Autónoma de Andalucía, promoverán la aplicación de un uso no sexista del lenguaje e impulsarán la transmisión de una imagen de las mujeres y los hombres libre de estereotipos sexistas.

Los medios de comunicación social adoptarán mediante autorregulación códigos de conducta, con el fin de asumir y transmitir el principio de igualdad de género. Asimismo, colaborarán con las campañas institucionales dirigidas a fomentar la igualdad entre mujeres y hombres y la erradicación de la violencia de género.

2. La Administración de la Junta de Andalucía fomentará las acciones que contribuyan al desarrollo de valores y prácticas que fomenten la igualdad de mujeres y hombres en los medios de comunicación social y en la publicidad.

3. La Administración de la Junta de Andalucía promoverá una presencia equilibrada de mujeres y hombres en órganos de dirección y decisión de los medios de comunicación social.

TÍTULO III.
Organización institucional y coordinación entre las distintas administraciones públicas para la igualdad de género

Artículo 59. Comisión Interdepartamental para la Igualdad de Mujeres y Hombres

1. Se creará la Comisión Interdepartamental para la Igualdad de Mujeres y Hombres, en la que estarán representadas todas las Consejerías de la Junta de Andalucía, como órgano colegiado para el seguimiento de las acciones y actuaciones de la Administración de la Junta de Andalucía en materia de igualdad de género, que será presidida por la persona titular de la Consejería competente en materia de igualdad.

2. Su composición, competencias y régimen de funcionamiento se determinarán reglamentariamente.

Artículo 60. Unidades de Igualdad de género

1. Se crean Unidades de Igualdad de Género en todas las Consejerías de la Junta de Andalucía, con el fin de impulsar, coordinar e implementar la perspectiva de género en la planificación, gestión y evaluación en sus respectivas políticas.

2. Cada Consejería encomendará a uno de sus órganos directivos las funciones de la Unidad de Igualdad de Género en los términos que se establezcan reglamentariamente.

3. La Administración de la Junta de Andalucía garantizará el asesoramiento y la formación de su personal en materia de igualdad de género para implementar eficazmente las políticas públicas con perspectiva de género.

Artículo 61. Observatorio de la Igualdad de género

1. Se creará el Observatorio de la Igualdad de Género como órgano asesor, adscrito a la Consejería competente en materia de igualdad, destinado a detectar, analizar y proponer estrategias para corregir situaciones de desigualdad de las mujeres en la Comunidad Andaluza. En todo caso, se priorizarán las áreas de violencia de género, situación laboral e imagen pública de las mujeres.

2. Sus funciones, composición y funcionamiento, así como las distintas áreas de intervención, serán determinadas reglamentariamente.

Artículo 62. Consejo Andaluz de Participación de las Mujeres

1. Se crea el Consejo Andaluz de Participación de las mujeres, adscrito a la Consejería competente en materia de igualdad, como órgano de participación de las organizaciones de mujeres en las políticas de igualdad de género de la Junta de Andalucía.

2. Sus funciones y composición se regularán mediante decreto del Consejo de Gobierno.

Artículo 63. Coordinación de los poderes públicos de Andalucía para la igualdad de mujeres y hombres

Se creará la Comisión de coordinación de las políticas autonómicas y locales para la igualdad de género con el objeto de coordinar e impulsar la integración del enfoque de género en las políticas y programas, en materia de igualdad de mujeres y hombres, desarrollados por las distintas Administraciones públicas de la Comunidad Autónoma, y que dependerá de la Consejería competente en materia de igualdad; y estará compuesta por representantes de la Administración de la Junta de Andalucía, de las Diputaciones Provinciales y de los Ayuntamientos.

Se establecerán reglamentariamente sus funciones, composición y funcionamiento.

TÍTULO IV.
Garantías para la igualdad de género

Artículo 64. Evaluación de la aplicación de la Ley

En los términos en que reglamentariamente se determine, se elaborará un informe periódico sobre el conjunto de actuaciones en relación con la efectividad del principio de igualdad entre mujeres y hombres que estará coordinado por la Consejería que ostente las competencias en materia de igualdad y que establecerá los criterios correctores que correspondan con la finalidad objeto de esta Ley.

Artículo 65. Igualdad de trato en el acceso al uso de bienes y servicios y su suministro

1. Los poderes públicos de Andalucía adoptarán las medidas necesarias para garantizar el respeto al principio de igualdad de trato entre mujeres y hombres, mediante la ausencia de discriminación directa e indirecta por razón de sexo, en lo relativo al acceso a bienes y servicios y su suministro.

2. De acuerdo con el artículo 69 de la Ley Orgánica 3/2007, de 22 de marzo, para la igualdad efectiva de mujeres y hombres, la prestación de bienes y servicios de forma exclusiva o principal a las personas de uno de los sexos sólo será admisible cuando la diferencia de trato esté justificada por un propósito legítimo y los medios para lograr tal finalidad sean adecuados y necesarios.

Artículo 66. Acción de cesación y rectificación de la publicidad ilícita

1. De conformidad con lo dispuesto en el artículo 12 de la Ley Orgánica 1/2004, de 28 de diciembre, de Medidas de Protección Integral contra la Violencia de Género, el Instituto Andaluz de la Mujer y las asociaciones que tengan como objetivo único la defensa de los intereses de las mujeres estarán legitimados para ejercitar la acción de cesación de publicidad ilícita por utilizar en forma vejatoria la imagen de la mujer, en los términos establecidos en la legislación vigente.

2. El Consejo Audiovisual de Andalucía, de acuerdo con lo dispuesto en el artículo 4.15 de la Ley 1/2004, de 17 de diciembre, de su creación, podrá solicitar de los anunciantes y empresas audiovisuales, por iniciativa propia o a instancia de las partes interesadas, el cese o la rectificación de la publicidad ilícita o prohibida, y, cuando proceda, disponerlo, de conformidad con la legislación aplicable y en los supuestos que la misma establezca.

Disposición adicional única. Modificación del artículo 30 de la Ley 10/1988, de 29 de diciembre, de presupuesto de la Comunidad Autónoma de Andalucía para 1989

Se añade un nuevo apartado 2.bis al artículo 30 de la Ley 10/1988, de 29 de diciembre, de Presupuestos de la Comunidad Autónoma de Andalucía para 1989, en los siguientes términos:

"Apartado 2.bis. Además de lo establecido en el apartado anterior, el Instituto Andaluz de la Mujer, como organismo autónomo adscrito a la Consejería competente en materia de igualdad, será el encargado de la coordinación de las políticas de igualdad."

Disposición transitoria única.

Los presupuestos de la Junta de Andalucía consignarán las previsiones económicas necesarias para el desarrollo de la presente Ley.

Disposición derogatoria única. Derogación normativa

Quedan derogadas todas aquellas disposiciones, de igual o inferior rango, que se opongan a lo previsto en la presente Ley y, de forma expresa, el artículo 140 de la Ley 18/2003, de 29 de diciembre, por la que se aprueban Medidas Fiscales y Administrativas; el apartado 3.a) del artículo 30 de la Ley 10/1988, de 29 de diciembre, de Presupuesto de la Comunidad Autónoma de Andalucía para 1989, por el que se crea el Consejo Rector del Instituto Andaluz de la Mujer.

Disposición final primera. Desarrollo reglamentario

Se autoriza al Consejo de Gobierno de la Junta de Andalucía para dictar las disposiciones necesarias para el desarrollo normativo y ejecución de la presente Ley.

Disposición final segunda. Entrada en vigor

La presente Ley entrará en vigor el día siguiente al de su publicación en el Boletín Oficial de la Junta de Andalucía.

Ley 13/2007, de 26 noviembre, de Medidas de Prevención y Protección Integral contra la Violencia de Género

EXPOSICIÓN DE MOTIVOS

I.

El derecho a vivir dignamente, en libertad y sin vulneración de la integridad personal, tanto física como psicológica, forma parte inalienable de los derechos humanos universales, y, por ello, es objeto de protección y promoción desde todos los ámbitos jurídicos y, muy especialmente, desde el internacional. La violencia de género supone una manifestación extrema de la desigualdad y del sometimiento en el que viven las mujeres en todo el mundo, y representa una clara conculcación de los derechos humanos. Sin embargo, este reconocimiento no ha llevado aparejada la eliminación ni la suficiente modificación de los factores culturales que subyacen en su origen, ni de la consecuente tolerancia.

La regulación legal de una situación que durante siglos se ha mantenido recluida en la privacidad ha desafiado los modos de atender la violencia de género, y esto a su vez ha facilitado la constatación de que la prevención y la erradicación no pueden venir de acciones aisladas, sino de una intervención integral y coordinada, que implique la responsabilidad de los poderes públicos a través de políticas adecuadas y del compromiso de la sociedad civil para avanzar hacia la eliminación de toda forma de abuso contra las mujeres.

Son múltiples los esfuerzos realizados para erradicar esta violencia hacia las mujeres dirigida contra las mismas por el mero hecho de serlo. Así, de forma específica, en el seno de la Asamblea General de la Organización de Naciones Unidas se adoptó en 1979 la Convención sobre la eliminación de todas las formas de discriminación contra la mujer (CEDAW), tratado multilateral del que surgen obligaciones para los Estados partes y en el que se crea un órgano de vigilancia, que establece recomendaciones generales y particulares a los Estados para garantizar la aplicación de lo dispuesto en la citada Convención. En la misma línea se acordó la Declaración para la Eliminación de la Violencia contra la Mujer en 1993, cuyo artículo 1 es el referente mundial para definir la violencia de género.

La Organización de Naciones Unidas contempla la erradicación de la violencia de género como uno de sus principales cometidos estratégicos desde 1995, fecha en la que tuvo lugar la IV Conferencia Mundial sobre la Mujer de Pekín, de la que nació la Declaración y la Plataforma de Acción de la IV Conferencia Mundial sobre la Mujer de 1995, cuyos contenidos han sido revisados en el año 2000 y en el 2005. Además, la Declaración del Milenio 2000 manifiesta que la violencia de género constituye la mayor vulneración de los derechos humanos en el mundo, y establece la colaboración de los Estados para lograr la erradicación de las desigualdades de género como uno de los objetivos estratégicos de la actuación de la comunidad internacional.

También en el ámbito internacional han tenido lugar otros eventos importantes con una incidencia fundamental en la consagración de los derechos de las mujeres. En la Declaración de Viena de 1993 se reafirmó que los derechos y las libertades fundamentales de las mujeres y las niñas son parte inalienable de los derechos humanos universales, sin sujeción a tradiciones históricas o culturales; en el Programa de Acción de la Conferencia Internacional sobre Población y Desarrollo de El Cairo, en 1994, y en la Declaración de Copenhague, adoptada por la Cumbre Mundial sobre Desarrollo Social de 1995, se ha reconocido la estrecha interdependencia de los ámbitos de la actividad pública y privada, así como la existencia de vulneraciones de derechos fundamentales en ambas esferas. Por otra parte, la Organización Mundial de la Salud decretó en 1998 la erradicación de la violencia contra las mujeres como una prioridad internacional para los servicios de salud, iniciativa a la que se sumó el Fondo para la Población de Naciones Unidas al año siguiente.

II.

En el ámbito regional de la Unión Europea también se han realizado importantes actuaciones para lograr la eliminación de la violencia contra las mujeres. El Tratado Constitutivo de la Comunidad Europea reconoce el derecho a la igualdad entre mujeres y hombres, e insta a los Estados partes a que desarrollen políticas específicas para la prevención y punición de la violencia de género. La Carta de los Derechos Fundamentales de la Unión Europea se expresa en el mismo sentido, conteniendo, además, varias disposiciones que inciden en la protección y promoción de la integridad física y psicológica de todas las personas, y en la paridad entre mujeres y hombres.

En la esfera práctica esta estrategia de ámbito europeo se refleja en la Decisión Marco del Consejo de la Unión Europea de 15 de marzo de 2001, por la que se propugna un mayor énfasis en la creación y articulación de redes de asistencia a las víctimas, lo que supone una directriz clara de cuál debe ser la orientación de las medidas de atención por parte de los Estados de la Unión Europea, así como en la reciente Decisión número 803/2004/CE del Parlamento Europeo, por la que se aprueba un programa de acción comunitario (2004-2008) para prevenir y combatir la violencia ejercida sobre la infancia, los jóvenes y las mujeres y proteger a las víctimas y grupos de riesgo (programa DAPHNE II).

III.

La Constitución Española reconoce la igualdad como valor superior del ordenamiento jurídico en su artículo 1.1, y en el artículo 9.2 establece la obligación de los poderes públicos de promover aquellas condiciones, que hagan reales y efectivas la libertad e igualdad de todas las personas. Además la jurisprudencia ha identificado los preceptos constitucionales que se vulneran con la violencia de género, tales como el derecho a la dignidad de la persona y al libre desarrollo de su personalidad, recogido en el artículo 10.1, el derecho a la vida y a la integridad física y moral, con interdicción de los tratos inhumanos o degradantes, reconocido en el artículo 15, así como el derecho a la seguridad, establecido en el artículo 17, quedando también afectados los principios rectores de la política social y económica, que se refieren a la protección de la familia y de la infancia.

En cuanto a la regulación legal, se ha producido una evolución normativa en el marco estatal con la aprobación de la Ley Orgánica 11/2003, de 29 de septiembre, de medidas concretas en materia de seguridad ciudadana, violencia doméstica e integración social de los extranjeros, y la Ley 27/2003, de 31 de julio, reguladora de la Orden de Protección para las Víctimas de la Violencia Doméstica. Aunque, sin duda, el instrumento que cumple decididamente con las recomendaciones y directrices internacionales y de ámbito regional europeo es la Ley Orgánica 1/2004, de 28 de diciembre, de Medidas de Protección Integral contra la Violencia de Género, una Ley cuyo objetivo fundamental es actuar contra una violencia que constituye una manifestación clara de la discriminación a través de un enfoque multicausal desde la disposición de medidas en ámbitos muy diversos.

IV.

La Comunidad Autónoma de Andalucía asume en su Estatuto de Autonomía un fuerte compromiso en la erradicación de la violencia de género y en la protección integral a las mujeres, al establecer, en su artículo 16, que las mujeres tienen derecho a una protección integral contra la violencia de género, que incluirá medidas preventivas, medidas asistenciales y ayudas públicas. En este sentido, el artículo 73.2 dispone que corresponde a la Comunidad Autónoma la competencia compartida en materia de lucha contra la violencia de género, la planificación de actuaciones y la capacidad de evaluación y propuesta ante la Administración central. La Comunidad Autónoma podrá establecer medidas e instrumentos para la sensibilización sobre la violencia de género y para su detección y prevención, así como regular servicios y destinar recursos propios para conseguir una protección integral de las mujeres que han sufrido o sufren este tipo de violencia. Además, el artículo 10 dispone, en su apartado 1, que la Comunidad Autónoma de Andalucía promoverá las condiciones para que la libertad y la igualdad del individuo y de los grupos en que se integra sean reales y efectivas; removerá los obstáculos que impidan o dificulten su plenitud y fomentará la calidad de la democracia facilitando la participación de todos los andaluces en la vida política, económica, cultural y social. A tales efectos, adoptará todas las medidas de acción positiva que resulten necesarias.

El Gobierno de Andalucía, consciente de que la violencia de género constituye un obstáculo para el pleno desarrollo de las mujeres y de la sociedad, ha destinado importantes recursos para la promoción de la igualdad entre mujeres y hombres, y para la erradicación de la violencia contra las mujeres. La Ley 10/1988, de 29 de diciembre, de Presupuesto de la Comunidad Autónoma de Andalucía, en su artículo 30, crea el Instituto Andaluz de la Mujer, como organismo responsable de "promover las condiciones para que sea real y efectiva la igualdad del hombre y la mujer andaluces, haciendo posible la participación y presencia de la mujer en la vida política, económica, cultural y social, y superando cualquier discriminación laboral, cultural, económica o política de la mujer". Desde la creación del Instituto Andaluz de la Mujer, el Gobierno andaluz ha implementado dos planes de igualdad, el I Plan de Igualdad de Oportunidades (1990-1992) y el II Plan Andaluz para la Igualdad de Mujeres (1995-1997), en los que se ha destacado como un objetivo clave el fomento de las medidas dirigidas a prevenir la violencia contra las mujeres y el desarrollo de programas de atención para las víctimas. Para intensificar las medidas contra la violencia de género, el Gobierno de Andalucía ha desarrollado dos Planes de acción, I Plan del Gobierno

Andaluz para avanzar en la erradicación de la violencia contra las mujeres (1998-2000) y el II Plan de Acción del Gobierno andaluz contra la violencia hacia las mujeres (2001-2004) de acuerdo con las directrices de los organismos internacionales, que contemplan la eliminación de la violencia de género desde el enfoque multidisciplinar y coordinado de los distintos ámbitos de actuación.

La Ley de Medidas de Prevención y Protección Integral contra la Violencia de Género responde al desarrollo específico de las estrategias contra la violencia de género, y constituye el reconocimiento de los derechos de las mujeres en orden a su protección y atención.

Para su elaboración, en el Pleno celebrado el día 30 de junio de 2004, el Parlamento de Andalucía aprobó la creación de un Grupo de Trabajo relativo a la violencia de género y propuestas de actuación para su erradicación, que finalmente quedó constituido en el seno de la Comisión de Igualdad y Bienestar Social, y que ha contado con las aportaciones de un número importante de personas expertas, provenientes de muy diversos ámbitos profesionales, así como de las asociaciones de mujeres que han destacado por su importante contribución en la condena y repulsa de la violencia de género y en el apoyo a las mujeres.

Las propuestas y conclusiones del grupo de trabajo han servido como punto de partida para abordar el presente texto normativo, cuya elaboración también responde a las directrices de ámbito internacional, regional y nacional sobre violencia de género, así como a la experiencia de la Comunidad Autónoma de Andalucía en el desarrollo de planes de acción para avanzar en su erradicación.

V.

La presente Ley se estructura en un Título Preliminar, cuatro Títulos, tres Disposiciones adicionales una Disposición Transitoria y dos Disposiciones finales.

El Título Preliminar recoge las disposiciones generales que se refieren al objeto de la Ley, a su ámbito de aplicación, al concepto de violencia de género y a los principios que habrán de regir la actuación de los poderes públicos.

Por tanto, con objeto de favorecer la igualdad y prevenir y erradicar la violencia de género, la actuación de los poderes públicos vendrá informada por el principio de accesibilidad a la comunicación, velando de manera especial por la protección y garantía de los derechos de las mujeres con discapacidad o mujeres en situación de especial vulnerabilidad.

El Título I establece las acciones de sensibilización y prevención. En el Capítulo I se fomentan las acciones para seguir avanzando en el conocimiento y la investigación de las causas, características y consecuencias de la violencia de género. En el Capítulo II se pretende, con la elaboración periódica de un plan integral, la acción planificada dirigida a la sensibilización, prevención, detección y protección integral. En el Capítulo III se determinan las medidas encaminadas a que la educación sea un elemento fundamental de prevención de la violencia y de promoción de la igualdad de mujeres y hombres, atendiendo además a los contenidos curriculares para la resolución pacífica de conflictos. En el Capítulo IV se recogen las medidas para promover una imagen de las mujeres no discriminatoria, respetando el principio de igualdad de mujeres y hombres, vigilancia de la publicidad sexista y especial atención al tratamiento de la violencia de género. Y en el Capítulo V se garantiza la adopción de medidas para la formación y especialización de las personas profesionales que atienden a las mujeres.

El Título II desarrolla las acciones de protección y atención a las mujeres, desde los distintos ámbitos de actuación. En el Capítulo I se establecen los derechos de las mujeres afectadas por la violencia de género. En el Capítulo II se promueven acciones destinadas a la formación en el ámbito de la seguridad y fomento de unidades policiales especializadas para la atención a las mujeres. En el Capítulo III se determinan las medidas para la detección precoz, atención y seguimiento de las intervenciones realizadas en el ámbito de la salud, así como la necesidad de reforzar la atención psicológica a las mujeres para facilitarles su equilibrio emocional. En el Capítulo IV se adoptan las medidas necesarias para garantizar una atención jurídica especializada, integral e inmediata. En el Capítulo V se recogen las medidas de atención social para garantizar a las mujeres el derecho a la información. En el Capítulo VI se determinan las medidas para la atención integral y acogida, consistentes en el desarrollo de un modelo de atención integral dirigido a garantizar la protección, la atención integral multidisciplinar, y la búsqueda de autonomía de las mujeres víctimas de violencia de género.

El Título III establece una serie de acciones para la recuperación integral de las mujeres. En el Capítulo I se recogen las ayudas socioeconómicas. En el Capítulo II se adoptan una serie de medidas tendentes a facilitar el acceso de las mujeres a las viviendas protegidas, y en el Capítulo III se fomentan medidas encaminadas a la formación y promoción del empleo y trabajo autónomo de las mujeres, y a la concienciación en el ámbito laboral.

El Título IV promueve las acciones para la coordinación y cooperación institucional, como principio básico de una política pública de carácter integral, orientada a sumar los esfuerzos de las instituciones, asociaciones y colectivos que trabajan en la erradicación de la violencia de género.

TÍTULO PRELIMINAR.
Disposiciones generales

Artículo 1. Objeto de la Ley

La presente Ley tiene por objeto actuar contra la violencia que, como manifestación de la discriminación, la situación de desigualdad y las relaciones de poder de los hombres sobre las mujeres, se ejerce sobre éstas por el solo hecho de serlo. Asimismo será objeto de esta Ley la adopción de medidas para la erradicación de la violencia de género mediante actuaciones de prevención y de protección integral a las mujeres que se encuentren en esa situación, incluidas las acciones de detección, atención y recuperación.

Artículo 2. Ámbito de aplicación

1. La presente Ley será de aplicación en todo el ámbito territorial de la Comunidad Autónoma de Andalucía.

2. En particular, en los términos establecidos en la propia Ley, será de aplicación:

   a) A las actuaciones de los poderes públicos sujetos a las leyes de la Comunidad Autónoma de Andalucía.

   b) A las entidades que integran la Administración local, sus organismos autónomos, consorcios, fundaciones y demás entidades con personalidad jurídica propia en los que sea mayoritaria la representación directa de dichas entidades.

   c) A la Administración de la Junta de Andalucía y sus organismos autónomos, a las empresas de la Junta de Andalucía, a los consorcios, fundaciones y demás entidades con personalidad jurídica propia en los que sea mayoritaria la representación directa de la Junta de Andalucía.

3. Tienen garantizados los derechos que esta Ley reconoce todas las mujeres que se encuentren en el territorio andaluz.

4. Igualmente, será de aplicación a las personas físicas y jurídicas públicas o privadas, en los términos establecidos en la presente Ley.

Artículo 3. Concepto de violencia de género

1. A los efectos de la presente Ley se entiende por violencia de género aquella que, como manifestación de la discriminación, la situación de desigualdad y las relaciones de poder de los hombres sobre las mujeres, se ejerce sobre estas por el hecho de serlo.

2. La violencia a que se refiere la presente Ley comprende cualquier acto de violencia basada en género que tenga como consecuencia, o que tenga posibilidades de tener como consecuencia, perjuicio o sufrimiento en la salud física, sexual o psicológica de la mujer, incluyendo amenazas de dichos actos, coerción o privaciones arbitrarias de su libertad, tanto si se producen en la vida pública como privada.

3. A los efectos de la presente Ley, se considera violencia de género:

   a) Violencia física, que incluye cualquier acto de fuerza contra el cuerpo de la mujer, con resultado o riesgo de producir lesión física o daño, ejercida por quien sea o haya sido su cónyuge o por quien esté o haya estado ligado a ella por análoga relación de afectividad, aun sin convivencia. Asimismo, tendrán la consideración de actos de violencia física contra la mujer los ejercidos por hombres en su entorno familiar o en su entorno social y/o laboral.

   b) Violencia psicológica, que incluye toda conducta, verbal o no verbal, que produzca en la mujer desvalorización o sufrimiento, a través de amenazas, humillaciones o vejaciones, exigencia de obediencia o sumisión, coerción, insultos, aislamiento, culpabilización o limitaciones de su ámbito de libertad, ejercida por quien sea o haya sido su cónyuge o por quien esté o haya estado ligado a ella por análoga relación de afectividad, aun sin convivencia. Asimismo, tendrán la consideración de actos de violencia psicológica contra la mujer los ejercidos por hombres en su entorno familiar o en su entorno social y/o laboral.

c) Violencia económica, que incluye la privación intencionada, y no justificada legalmente, de recursos para el bienestar físico o psicológico de la mujer y de sus hijas e hijos o la discriminación en la disposición de los recursos compartidos en el ámbito de la convivencia de pareja.

d) Violencia sexual y abusos sexuales, que incluyen cualquier acto de naturaleza sexual forzada por el agresor o no consentida por la mujer, abarcando la imposición, mediante la fuerza o con intimidación, de relaciones sexuales no consentidas, y el abuso sexual, con independencia de que el agresor guarde o no relación conyugal, de pareja, afectiva o de parentesco con la víctima.

Artículo 4. Principios rectores

La actuación de los poderes públicos de Andalucía tendente a la erradicación de la violencia de género deberá inspirarse en los siguientes fines y principios:

a) Desarrollar y aplicar políticas y acciones con un enfoque multidisciplinar, a través de acciones institucionales coordinadas y transversales, de forma que cada poder público implicado defina acciones específicas desde su ámbito de intervención de acuerdo con modelos de intervención globales.

b) Integrar el objetivo de la erradicación de la violencia de género y las necesidades y demandas de las mujeres afectadas por la misma, en la planificación, implementación y evaluación de los resultados de las políticas públicas.

c) Adoptar medidas que garanticen los derechos de las mujeres víctimas de violencia de género, de acuerdo con los principios de universalidad, accesibilidad, proximidad, confidencialidad de las actuaciones, protección de los datos personales, tutela y acompañamiento en los trámites procedimentales y respeto a su capacidad de decisión.

d) Fortalecer acciones de sensibilización, formación e información con el fin de prevenir, atender y erradicar la violencia de género, mediante la dotación de instrumentos eficaces en cada ámbito de intervención.

e) Promover la cooperación y la participación de las entidades, instituciones, asociaciones de mujeres, agentes sociales y organizaciones sindicales que actúen a favor de la igualdad y contra la violencia de género, en las propuestas, seguimiento y evaluación de las políticas públicas destinadas a la erradicación de la violencia contra las mujeres.

f) Reforzar hasta la consecución de los mínimos exigidos por los objetivos de la ley los servicios sociales de información, de atención, de emergencia, de apoyo y de recuperación integral, así como establecer un sistema para la más eficaz coordinación de los servicios ya existentes a nivel municipal y autonómico.

g) Garantizar el acceso a las ayudas económicas que se prevean para las mujeres víctimas de violencia de género y personas de ellas dependientes.

h) Establecer un sistema integral de tutela institucional en el que la Administración Andaluza, en colaboración con la Delegación Especial del Gobierno contra la Violencia sobre la Mujer, impulse la creación de políticas públicas dirigidas a ofrecer tutela a las víctimas de la violencia contemplada en la presente Ley.

TÍTULO I.
Investigación, sensibilización y prevención

CAPÍTULO I.
Investigación

Artículo 5. Fomento de las investigaciones

La Administración de la Junta de Andalucía, con la finalidad de conocer la situación real sobre la violencia de género:

a) Fomentará la realización de estudios e investigaciones.

b) Impulsará la creación de un sistema de indicadores que ofrezca datos desagregados por sexo que contribuyan a cuantificar y conocer sus dimensiones.

c) Evaluará el impacto de las políticas que se desarrollen para la erradicación de la violencia de género, y de las acciones que se implementen para garantizar la atención integral a las mujeres que la hayan padecido.

Artículo 6. Líneas de investigación

1. La Administración de la Junta de Andalucía realizará aquellas actividades de investigación o estudio del fenómeno social de la violencia de género en sus diferentes aspectos, y, en particular, las que se refieran a:

   a) El análisis de las causas, características en hombres y mujeres, y consecuencias; factores de riesgo y su prevalencia en la sociedad.

   b) El análisis y seguimiento de los instrumentos para su erradicación y de las medidas para la protección y atención integral, así como de las investigaciones relacionadas con la victimización.

c) Las repercusiones de la violencia de género en el ámbito de la salud de las mujeres, de sus familias y menores a su cargo.

d) Las consecuencias en el empleo, en las condiciones de trabajo y en la vida social.

e) La incidencia y consecuencias en los colectivos de mujeres con especiales dificultades y, en particular, las mujeres de las zonas rurales de Andalucía y las mujeres inmigrantes.

f) El análisis y mejora del tratamiento de la violencia de género en los medios de comunicación y en la publicidad.

g) Aquellas otras investigaciones que se puedan establecer en los planes integrales a que se refiere el artículo 8 de la presente Ley, como consecuencia de los cambios sociales o culturales que hayan podido afectar a este fenómeno.

2. Asimismo, garantizará la difusión de las investigaciones con el objetivo de informar y sensibilizar a la sociedad en general, teniendo en cuenta la especial situación de las mujeres con discapacidad, las mujeres inmigrantes y las mujeres en riesgo de exclusión social.

3. Los datos referidos al punto 1 del presente artículo deberán consignarse desagregados por sexo.

Artículo 7. Análisis de la violencia de género

La Consejería competente en materia de igualdad desarrollará los instrumentos específicos necesarios para observar y evaluar la efectividad de las medidas destinadas a la prevención y erradicación de la violencia de género.

CAPÍTULO II.
Sensibilización

Artículo 8. Plan integral de sensibilización y prevención contra la violencia de género

1. El Consejo de Gobierno aprobará cada cinco años un Plan integral de sensibilización y prevención contra la violencia de género en Andalucía, coordinado por la Consejería competente en materia de igualdad y con la participación de las Consejerías que resulten implicadas.

2. El Plan integral desarrollará, como mínimo, las siguientes estrategias de actuación:

   a) Educación, con el objetivo fundamental de incidir, desde la etapa infantil hasta los niveles superiores, en la igualdad entre mujeres y hombres y en el respeto de los derechos y libertades fundamentales, dotando de los instrumentos que permitan la detección precoz de la violencia de género.

   b) Comunicación, cuya finalidad esencial es sensibilizar a mujeres y hombres, modificar los modelos y actitudes, mitos y prejuicios sexistas, y concienciar a la sociedad sobre la violencia de género como una problemática social que atenta contra nuestro sistema de valores.

      En las campañas que se desarrollen habrán de tenerse en cuenta las especiales circunstancias de dificultad en el acceso a la información que puedan encontrarse determinados colectivos como el de personas inmigrantes, personas que viven en el medio rural, y personas con discapacidad, procurando un formato accesible para estas últimas.

   c) Detección, atención y prevención de la violencia de género, prestando una especial consideración a los grupos de mujeres más vulnerables.

   d) Formación y especialización de profesionales, con el objetivo fundamental de garantizar una formación que les permita la prevención, la detección precoz, la atención, la recuperación de las víctimas y la rehabilitación del agresor.

   e) Coordinación y cooperación de los distintos operadores implicados en el objetivo de erradicación de la violencia de género, la no victimización de las mujeres y la eficacia en la prestación de los servicios.

3. Los poderes públicos, en el marco de sus competencias, impulsarán además campañas de información y sensibilización específicas con el fin de prevenir la violencia de género.

4. Las actuaciones de sensibilización tienen como objetivo modificar los mitos, modelos y prejuicios existentes, y deben recoger los elementos siguientes:

a) Presentar la violencia en su naturaleza multidimensional y como fenómeno enmarcado en la desigual distribución de poder entre hombres y mujeres.

b) Determinar las diferentes causas de la violencia de género y sus consecuencias.

c) Presentar una imagen de las mujeres que han sufrido violencia de género como sujetos plenos con posibilidad de superar las situaciones en las que se encuentran.

Artículo 9. Apoyo al movimiento asociativo

La Administración de la Junta de Andalucía apoyará las iniciativas de las asociaciones de mujeres, así como de otros colectivos y asociaciones dedicadas a la erradicación de la violencia de género, y que lleven a cabo programas que actúen sobre su prevención y sensibilización, así como las que constituyan grupos de autoayuda y fomenten la creación de redes de apoyo.

Artículo 10. Actividades culturales y artísticas

1. La Administración de la Junta de Andalucía impulsará las manifestaciones sociales, especialmente las culturales y artísticas, que promuevan la sensibilización social contra la violencia de género.

2. Igualmente, el Gobierno andaluz y la Administración de la Junta de Andalucía, tendrán como objetivo principal evitar cualquier tolerancia social con respecto a la violencia de género, poniendo para ello todos los medios que sean necesarios para evitar cualquier práctica cultural y artística que constituya o incite a la violencia de género.

CAPÍTULO III.
Medidas en el ámbito educativo

Artículo 11. Prevención en el ámbito educativo

1. La Administración educativa contribuirá a que la acción educativa sea un elemento fundamental de prevención de cualquier tipo de violencia, específicamente la ejercida contra las mujeres, y adoptará medidas para eliminar prejuicios y prácticas basadas en la desigualdad y en la atribución de estereotipos sexistas.

2. Asimismo, impulsará la realización de actividades dirigidas a la comunidad escolar, en particular al alumnado, al profesorado y a las asociaciones de madres y padres, para la prevención de comportamientos y actitudes de violencia de género y la identificación de las distintas formas de abuso, busquen alternativas de resolución de los conflictos y profundicen en el aprendizaje de la convivencia basada en el respeto a todas las personas.

3. A efectos de esta Ley, la coeducación es la acción educadora que valora indistintamente la experiencia, las aptitudes y la aportación social y cultural de las mujeres y los hombres, sin estereotipos sexistas y androcéntricos, ni actitudes discriminatorias, para conseguir el objetivo de construir una sociedad sin subordinaciones culturales y sociales entre mujeres y hombres. Los principios de la coeducación son un elemento fundamental en la prevención de la violencia de género.

4. Para lograr este objetivo, los valores de la coeducación y los principios de la escuela inclusiva deben tener un carácter permanente y transversal en la acción de gobierno del departamento competente en materia educativa.

5. Con el fin de garantizar la efectiva igualdad entre hombres y mujeres, las Administraciones educativas tendrán entre sus objetivos primordiales que en todos los materiales educativos y libros de texto, en cualquier ciclo educativo, se eliminen los estereotipos sexistas o discriminatorios.

La Administración educativa deberá supervisar los libros de texto y otros materiales curriculares como parte del proceso ordinario de inspección que ejerce la Administración educativa sobre la totalidad de los elementos que integran el proceso de enseñanza y aprendizaje, para garantizar los derechos fundamentales.

6. La Administración educativa andaluza contribuirá a desarrollar entre niñas, niños y adolescentes el aprendizaje en la resolución pacífica de conflictos.

Artículo 12. Currículo educativo

1. La Administración educativa incorporará en los diferentes elementos del currículo medidas destinadas a la prevención y erradicación de la violencia de género.
2. La Administración educativa, en los planes de acción tutorial de los distintos niveles educativos, incluirá contenidos específicos sobre la construcción de roles de género, desde la igualdad, la educación en valores y la erradicación de la violencia de género, atendiendo a la especial situación de las mujeres sobre las que inciden varios factores de discriminación.
3. La Administración educativa desarrollará y fomentará, entre otras, las actividades extraescolares y de ocio que procuren la participación conjunta de niños y niñas en los momentos de juego.
4. La Administración educativa trasladará al profesorado, a los consejos escolares, a la inspección educativa y a las empresas editoriales las recomendaciones relativas a los criterios de selección de los materiales curriculares teniendo en cuenta lo expresado en este precepto.

Artículo 13. Seguimiento en los Consejos Escolares

En los consejos escolares de los centros públicos y privados concertados se designarán una persona, con formación en igualdad de género, que impulse y lleve a cabo el seguimiento de medidas educativas que fomenten la igualdad real y efectiva entre hombres y mujeres. Con el mismo fin, en el Consejo Escolar de Andalucía se asegurará la representación del Instituto Andaluz de la Mujer y de las organizaciones que defiendan los intereses de las mujeres con representación en todo el territorio andaluz.

Artículo 14. Detección y atención a la violencia de género

1. Las personas que ejerzan la dirección de los centros educativos y los consejos escolares adoptarán los protocolos de actuación y las medidas necesarias para la detección y atención a los actos de violencia de género dentro del ámbito escolar.

2. Asimismo, adoptarán las medidas adecuadas, a través de los protocolos de actuación, cuando haya indicios de que cualquier alumno o alumna vive en un entorno familiar o relacional en el que se esté produciendo una situación de violencia de género.

3. El Consejo Escolar de Andalucía, en colaboración con la Consejería de la Junta de Andalucía competente en materia de igualdad y la Consejería de Educación, elaborará un informe anual sobre la situación de la coeducación y la prevención de la violencia de género en los centros educativos de Andalucía.

Artículo 15. Inspección educativa

1. Los servicios de la inspección educativa velarán por el cumplimiento y aplicación de los principios y valores recogidos en este capítulo destinados a prevenir la violencia de género contribuyendo a su erradicación y, en su caso, a la denuncia pertinente.

2. Los servicios de inspección velarán porque el profesorado que ha de impartir estos principios y valores no se encuentre condenado o incurso en causas relativas a la violencia de género.

Artículo 16. Enseñanza universitaria

1. La Administración de la Junta de Andalucía y las Universidades andaluzas, en el ámbito de sus respectivas competencias, fomentarán los estudios y conocimientos transversales orientados a promover el desarrollo emocional, la coeducación, la prevención de la violencia de género, y las relaciones de igualdad entre mujeres y hombres.

2. En especial, se promoverán los contenidos sobre violencia de género en los ámbitos académicos relacionados o que tengan que intervenir en la atención a las mujeres, y en los que formen a profesionales de la enseñanza y de los medios de comunicación.

3. La Administración educativa competente promoverá los contenidos sobre violencia de género en los estudios universitarios de grado y en los programas de postgrado relacionados con los ámbitos de esta ley.

CAPÍTULO IV.
Medidas en el ámbito de la publicidad y de los medios de comunicación

Artículo 17. Publicidad y medios de comunicación

1. Los organismos competentes de la Junta de Andalucía velarán para que los medios de comunicación social cuya actividad esté sometida al ámbito competencial de la

Comunidad Autónoma, no difundan contenidos, no emitan espacios o publicidad sexista, discriminatoria, vejatoria, estereotipada o que justifique, banalice o incite a la violencia de género.

2. Los medios de comunicación de titularidad pública de la Comunidad Autónoma de Andalucía colaborarán e impulsarán acciones de publicidad específicas para la prevención y erradicación de la violencia de género.

3. Asimismo el Gobierno de Andalucía velará para que aquellas empresas y medios de comunicación cuya actividad esté sometida al ámbito competencial de la Comunidad Autónoma no reincidan en los actos prohibidos en el apartado primero de este artículo.

Artículo 18. Consejo Audiovisual de Andalucía

El Consejo Audiovisual de Andalucía, de acuerdo con lo dispuesto en su Ley de creación, adoptará las medidas que procedan a fin de que los medios audiovisuales sobre los que ejerce sus funciones traten y reflejen la violencia de género en toda su complejidad.

Asimismo, asegurará el cumplimiento de los principios rectores de esta Ley, sin perjuicio de las actuaciones de cesación que puedan ejercer otras entidades y personas.

Artículo 19. Medios de comunicación públicos y privados de Andalucía

Los medios de comunicación de Andalucía:

a) Promoverán la elaboración de mecanismos de autorregulación que garanticen la adecuada difusión de las informaciones relativas a la violencia de género, de acuerdo con los principios de la ética periodística.

b) Difundirán información sobre la protección a las mujeres, sobre los recursos que están a disposición de aquéllas, y de las campañas de sensibilización.

c) Velarán para que los programas de sensibilización y formación en esta materia se emitan en un horario variado que pueda ser visto por toda la población.

CAPÍTULO V.
Formación de profesionales

Artículo 20. Formación de profesionales y del personal de la Administración de la Junta de Andalucía

1. Los poderes públicos fomentarán programas formativos dirigidos a su personal en general, y, en especial, al personal responsable de la atención a las víctimas de violencia de género.

2. La Administración de la Junta de Andalucía promoverá la formación especializada en los colegios profesionales y en las entidades de ámbito científico a través de convenios con entes públicos y/o privados, cuyos fines estén relacionados con el objeto de la presente Ley, en especial, de las áreas social, jurídica y sanitaria. Y asimismo velará para que la misma sea eficaz, impartida por personas y colectivos formados en la materia, que por su trayectoria y capacitación garanticen la transmisión de dichos valores.

Artículo 21. Formación en el ámbito judicial

1. La Administración de la Junta de Andalucía fomentará la colaboración con el Consejo General del Poder Judicial y la Fiscalía General del Estado. En el ámbito de sus respectivas competencias, asegurarán una formación específica relativa a la igualdad y no discriminación por razón de sexo y sobre violencia de género en los cursos de formación de jueces y magistrados, fiscales, secretarios judiciales, Fuerzas y Cuerpos de Seguridad y médicos forenses.
2. Asimismo se promoverá la formación específica necesaria para las personas profesionales del ámbito jurídico, que tengan relación con el objeto de la presente Ley.

Artículo 22. Formación en el ámbito educativo

1. Las administraciones educativas adoptarán las medidas necesarias para que en los planes de formación inicial y permanente del profesorado se incluya una formación específica en materia de igualdad, con el fin de asegurar que adquieren los conocimientos y las técnicas necesarias que les habiliten para la educación en el respeto de los derechos y libertades fundamentales y de la igualdad entre hombres y en el ejercicio de la tolerancia y de la libertad, la educación en la prevención de conflictos y en la resolución pacífica de los mismos, en todos los ámbitos de la vida personal, familiar y social, la detección precoz de la violencia en el ámbito familiar, especialmente sobre la mujer y los hijos e hijas, el fomento de actitudes encaminadas al ejercicio de iguales derechos y obligaciones por parte de mujeres y hombres, tanto en el ámbito público como privado, y la corresponsabilidad entre los mismos en el ámbito doméstico.
2. La administración educativa incluirá una formación específica para padres y madres en materia de coeducación y facilitará las herramientas metodológicas de actuación ante la violencia de género.

Artículo 23. Formación en el ámbito de la seguridad

1. En el marco de sus competencias, la Administración de la Junta de Andalucía y las entidades locales que cuenten con cuerpos de policía promoverán la organización de cursos de formación en materia de violencia de género.

2. Asimismo, la Consejería competente en la formación de acceso y perfeccionamiento del personal de la seguridad en Andalucía adoptará las medidas necesarias para incluir en sus distintos niveles de formación conocimientos específicos sobre violencia de género.

3. La Administración de la Junta de Andalucía promoverá, en el seno de las unidades policiales que en cada momento, según la legislación vigente, estén bajo su dependencia, la formación necesaria para desarrollar las funciones de prevención y protección que en materia de violencia de género les corresponda.

Artículo 24. Formación a profesionales de la salud

Los planes y programas de salud deberán incluir la formación del personal del Sistema Sanitario Público de Andalucía, para abordar de forma adecuada la detección precoz, la atención a la violencia de género en sus múltiples manifestaciones y sus efectos en la salud de las mujeres, la rehabilitación de éstas, y la atención a los grupos de mujeres con especiales dificultades. Dicha formación se dirigirá prioritariamente a los servicios de atención primaria y de atención especializada con mayor relevancia para la salud de las mujeres.

Artículo 25. Formación de los profesionales de los medios de comunicación

La Administración de la Junta de Andalucía, mediante acuerdos con las empresas, impulsará la formación específica de profesionales de los medios de comunicación, sobre la prevención y tratamiento de la violencia de género.

TÍTULO II.
Protección y atención a las mujeres

CAPÍTULO I.
Derechos de las mujeres

Artículo 26. Derecho a la información

1. Las Administraciones públicas de Andalucía, en el ámbito de sus competencias, deberán garantizar a las mujeres víctimas de violencia de género el derecho a:

   a) Recibir información, asesoramiento y atención adecuada a su situación personal.

   b) Recibir información sobre los centros, recursos y servicios de atención existentes en la Comunidad Autónoma de Andalucía.

c) Tener acceso a la información en materia de violencia de género a través de las nuevas tecnologías, particularmente en relación a recursos existentes y servicios de atención.

2. Dicha información comprenderá las medidas contempladas en esta Ley relativas a su protección y seguridad, y los derechos y ayudas previstos en la misma, así como la referente al lugar de prestación de los servicios de atención, emergencia, apoyo y recuperación integral.

Artículo 27. Derecho a la atención especializada

Las Administraciones públicas de Andalucía, en el ámbito de sus competencias, deberán garantizar a las mujeres víctimas de violencia de género el derecho a:

a) La atención social integral.

b) La acogida en los centros especializados dependientes de la Junta de Andalucía.

c) La asistencia sanitaria y psicológica especializada.

d) La asistencia jurídica especializada.

Artículo 28. Derecho a la intimidad y privacidad

La Administración de la Junta de Andalucía, las organizaciones empresariales y las organizaciones sociales deberán proteger, en todo caso, la intimidad y privacidad de la información sobre las mujeres víctimas de violencia de género, conforme a la Ley Orgánica 15/1999, de 13 de diciembre, de Protección de datos de carácter personal. Especialmente, garantizarán la confidencialidad de los datos personales de los que pudiera deducirse su identificación y paradero, así como los referentes a sus hijos e hijas y menores que estén bajo su guarda y custodia.

Artículo 29. Derecho a la escolarización inmediata en caso de violencia de género

La Administración de la Junta de Andalucía garantizará la escolarización inmediata de hijos e hijas y de menores a su cargo, que se vean afectados por un cambio de residencia como consecuencia de la violencia de género, asegurando en todo momento la confidencialidad de su situación.

Artículo 30. Acreditación de la violencia de género

1. En los supuestos en que se exija la acreditación de la situación de violencia de género para el reconocimiento de los derechos regulados en la presente Ley y de

aquellos que se deriven de su desarrollo reglamentario, esta acreditación se realizará, según lo establecido para cada caso, a través de los siguientes medios:

a) Resoluciones judiciales por violencia de género: documento acreditativo de la orden de protección, medidas cautelares, o sentencia condenatoria por violencia de género, cuando las medidas que establezca se hallen vigentes.

b) Excepcionalmente, y hasta tanto se dicte resolución judicial en el sentido indicado en el apartado 1, letra a), del presente artículo, podrá utilizarse como documento acreditativo alguno de los siguientes:

- Informe del Ministerio Fiscal de cuyo contenido se desprenda que existen indicios de que la demandante es víctima de la violencia de género.

- Certificado acreditativo de atención especializada, por un organismo público competente en materia de violencia de género.

2. Con el mismo carácter de excepcionalidad, y en tanto se dicte resolución judicial en el sentido indicado en el apartado 1, letra a), del presente artículo, podrán ejercitarse, temporalmente, determinados derechos sin acreditación en los términos que reglamentariamente se establezca.

CAPÍTULO II.
Ámbito de seguridad

Artículo 31. Actuaciones de colaboración

1. Los poderes públicos elaborarán planes de colaboración que garanticen la ordenación de sus actuaciones en la prevención, asistencia y persecución de los actos de violencia de género, que deberán implicar a las Administraciones sanitarias, la Administración de justicia, las Fuerzas y Cuerpos de Seguridad y los servicios sociales y organismos de igualdad.

2. En el marco de las competencias que la legislación atribuye a las distintas Administraciones en materia de seguridad pública, la Administración de la Junta de Andalucía y las entidades locales que cuenten con Cuerpos de Policía cooperarán a fin de implementar medidas eficaces para la erradicación de la violencia de género.

3. Igualmente, en su caso, proveerán lo necesario para la aplicación, por los referidos cuerpos policiales, de las medidas judiciales que se adopten en cada caso concreto en materia de protección, y en los casos que se determine la especial peligrosidad objetiva del agresor.

4. En este ámbito, elaborarán protocolos de actuación y coordinación con los órganos judiciales para la protección de las mujeres víctimas de violencia de género.

5. Asimismo, y en el marco de la legislación reguladora sobre la materia, se impulsará el perfeccionamiento y modernización de los medios necesarios para el mejor cumplimiento de sus fines y en particular los sistemas de localización permanente del agresor.

Artículo 32. Plan de Seguridad Personal

La Administración de la Junta de Andalucía promoverá un acuerdo con la Administración General del Estado para arbitrar un Plan de Seguridad Personal, que garantice la seguridad y protección de las víctimas.

CAPÍTULO III.
Ámbito de la salud

Artículo 33. Planes de salud

1. El Plan Andaluz de Salud establecerá medidas específicas para la prevención, detección precoz, atención e intervención en los casos de violencia de género. Igualmente, incorporará las medidas necesarias para el seguimiento y evaluación del impacto en salud en las personas afectadas.

2. La detección precoz de las situaciones de violencia de género será un objetivo en el ámbito de los servicios de salud, tanto públicos como privados. A tal fin, la Consejería competente en materia de salud establecerá los programas y actividades más adecuados para lograr la mayor eficacia en la detección de estas situaciones, y se considerará de forma especial la situación de las mujeres que puedan tener mayor riesgo de sufrir la violencia de género o mayores dificultades para acceder a los servicios previstos en esta Ley, tales como las pertenecientes a minorías, las inmigrantes, las que se encuentran en situación de exclusión social, explotación sexual o las mujeres con discapacidad. Estas disposiciones afectarán a todos los centros sanitarios autorizados en el ámbito de Andalucía.

3. Las mujeres que sufren cualquier forma de violencia de género tienen derecho a una atención y asistencia sanitaria especializada. El Gobierno andaluz, a través de la red de utilización pública, garantizará la aplicación de un protocolo de atención y asistencia de todas las manifestaciones de la violencia de género, en los diferentes niveles y servicios. Este protocolo debe contener un tratamiento específico para las mujeres que han sufrido una agresión sexual.

4. Los protocolos deben contener pautas uniformes de actuación sanitaria, tanto en el ámbito público como privado.

Dichos protocolos, además de referirse a los procedimientos a seguir, harán referencia expresa a las relaciones con la Administración de Justicia, en aquellos casos en que exista constatación o sospecha fundada de daños físicos o psíquicos ocasionados por estas agresiones o abusos.

Artículo 34. Atención a las víctimas

1. El Sistema Sanitario Público de Andalucía prestará la atención sanitaria necesaria, con especial atención a la salud mental, a las personas víctimas de violencia de género.

2. Por la Consejería competente en materia de salud, se establecerán los mecanismos de seguimiento específicos que permitan la elaboración de estadísticas y la evaluación de los efectos producidos por las situaciones de violencia de género.

CAPÍTULO IV.
Atención jurídica

Artículo 35. Asistencia letrada

La Administración de la Junta de Andalucía garantizará a las mujeres víctimas de violencia de género el derecho a la orientación jurídica, y a la defensa y asistencia legal, que se asumirán por una misma dirección letrada especializada y una misma representación procesal, desde el momento en que se requiera, y abarcará todos los procesos y procedimientos que tengan causa directa o indirecta en la violencia de género hasta su finalización, incluida la ejecución de la sentencia. Este mismo derecho asistirá también a los causahabientes en caso de fallecimiento de la mujer, de acuerdo con la legislación vigente y desarrollo reglamentario.

Artículo 36. Juzgados de Violencia sobre la Mujer

La Consejería competente en materia de Administración de Justicia, de acuerdo con las necesidades detectadas, promoverá la creación de juzgados específicos de Violencia sobre la Mujer y secciones de la Fiscalía que correspondan.

Artículo 37. Unidades de valoración integral de la violencia de género

La Consejería que ostente las competencias en materia de Administración de Justicia organizará, a través de sus Institutos de Medicina Legal, las unidades de valoración integral de violencia de género encargadas de realizar:

a) La valoración integral de los efectos de la violencia física, psíquica y sexual en las mujeres víctimas de violencia de género.

b) La valoración de los efectos de la exposición a la violencia y de las agresiones sufridas por los hijos y las hijas y menores a su cargo.

c) La valoración de la incidencia, la peligrosidad objetiva, y el riesgo de reincidencia del agresor.

Artículo 38. Personación de la Administración de la Junta de Andalucía

La Administración de la Junta de Andalucía podrá personarse, de acuerdo con la legislación procesal vigente, en los procedimientos por actos de violencia de género cometidos en Andalucía, en los que se cause la muerte a mujeres.

CAPÍTULO V.
Atención social

Artículo 39. Información y asesoramiento

1. De conformidad con lo dispuesto en el artículo 18 de la Ley Orgánica 1/2004, de 28 de diciembre, las Administraciones públicas de Andalucía, y en particular la Consejería competente en materia de igualdad:

   a) Contarán con servicios de información accesibles para dar a conocer los derechos que asisten a las mujeres víctimas de violencia de género. Dicha información comprenderá, al menos:

      - Las medidas relativas a su protección y seguridad.
      - Los derechos y las ayudas.
      - Los servicios de emergencia, acogida y atención integral, así como la del lugar de prestación de estos servicios.
      - El momento procesal en que se encuentran las actuaciones jurídicas.

   b) Garantizarán, a través de los medios necesarios, que las mujeres con discapacidad y mujeres inmigrantes víctimas de violencia de género tengan acceso integral a la información sobre sus derechos y sobre los recursos existentes.

   c) Asimismo, desarrollarán los medios necesarios para garantizar la información a las mujeres víctimas de violencia de género que por sus circunstancias personales y sociales puedan tener una mayor dificultad para el ejercicio efectivo de este derecho.

2. A efectos de dar cumplimiento a lo previsto en el apartado anterior, se fomentará la colaboración entre la Consejería competente en materia de igualdad y las Corporaciones locales así como con las organizaciones sociales y asociaciones de mujeres que presten servicios en materia de violencia de género.

Artículo 40. Garantías de atención

La Administración de la Junta de Andalucía velará para que las unidades policiales, los funcionarios y personal que ejerzan la asistencia y asesoramiento en los servicios relacionados con la atención a las víctimas de violencia de género no se encuentren condenados o incursos en causas relativas a la violencia de género.

Artículo 41. Competencia de los municipios

1. Además de todas las otras funciones establecidas en esta Ley que, en razón de sus competencias, les corresponda asumir en relación a las mujeres que sufren o han sufrido violencia de género, corresponden a los municipios:

   a) Colaborar con la Administración andaluza en la atención e información a las mujeres.

   b) Crear las unidades de información y atención a mujeres víctimas de cualquier tipo de violencia de género.

   c) Derivar a los servicios especializados todos los casos de violencia de género de los que tenga conocimiento y no puedan ser atendidos por la entidad local.

2. Los municipios establecerán reglamentariamente la distribución territorial y la dotación de estos servicios, que en ningún caso podrán atender a una población mayor de 50.000 habitantes.

3. Los municipios con una población inferior a 20.000 habitantes podrán delegar sus competencias a una mancomunidad de municipios o a otros entes locales.

CAPÍTULO VI.
Atención integral y acogida

Artículo 42. Atención de emergencia

1. La Administración de la Junta de Andalucía garantizará la atención y acogida inmediata a aquellas mujeres y a los menores a su cargo, que se encuentren en una situación de emergencia, como consecuencia de la violencia de género. Asimismo, facilitará la información, asesoramiento jurídico y apoyo psicológico necesario, así como aquellos recursos de atención que se precisen en cada caso particular.

2. El acceso a los recursos y servicios de información y de acogida inmediata no requerirá la acreditación prevista en el apartado 1 del artículo 30.

3. La Administración garantizará que la atención sea realizada por mujeres, siempre que la víctima lo solicite.

Artículo 43. Atención integral especializada

1. La Administración de la Junta de Andalucía garantizará a las mujeres víctimas de violencia de género la acogida, la atención integral especializada y multidisciplinar, y los medios de apoyo y recuperación.

2. La atención integral especializada y multidisciplinar comprenderá una intervención con las mujeres y menores a su cargo, basada en un sistema coordinado de servicios, recursos, y de ayudas económicas y sociolaborales, de acuerdo con las siguientes características:

   a) Especializados.

   b) Multidisciplinares, que implicará:

      1.º Información, asesoramiento y seguimiento jurídico.

      2.º Apoyo social.

      3.º Atención psicológica.

      4.º Apoyo a la inserción laboral.

      5.º Atención a los hijos e hijas y menores que estén bajo su guarda y custodia.

      6.º Seguimiento de las reclamaciones de los derechos de la mujer.

   c) Accesibles, que supondrá la adaptación de las estructuras y los servicios que se proporcionen a las mujeres con discapacidad y a las mujeres inmigrantes.

3. La Consejería competente en materia de igualdad valorará las necesidades de recursos de atención integral y de acogida, así como de programas de apoyo dirigidos al personal que realiza atención directa a las mujeres víctimas de violencia de género.

4. Los servicios adoptarán fórmulas organizativas que, por la especialización de su personal, por sus características de convergencia e integración de acciones, garanticen la efectividad de los indicados principios.

5. Estos servicios actuarán coordinadamente y en colaboración con los Cuerpos de Seguridad, los jueces de violencia sobre la mujer, los servicios sanitarios y las instituciones encargadas de prestar asistencia jurídica a las víctimas, del ámbito geográfico correspondiente.

Estos servicios podrán solicitar al juez las medidas urgentes que consideren necesarias.

Artículo 44. Requisitos y tipología de los centros de atención integral y acogida

1. La tipología de centros de atención integral y acogida se organizará de acuerdo con tres niveles de atención:

   a) Los centros de emergencia que prestan protección a las mujeres y a los menores que las acompañen, para garantizar su seguridad personal, garantizándoles una acogida inmediata y temporal, de corta duración, mientras se valora el recurso social más adecuado a sus circunstancias personales. Asimismo, deben facilitar recursos personales y sociales que permitan una resolución de la situación de crisis.

b) Las casas de acogida que ofrecen una acogida temporal a las mujeres y menores que las acompañen, garantizándoles una atención integral multidisciplinar, para que las mujeres sean capaces de recuperarse de los efectos de la violencia padecida.

c) Los pisos tutelados que son viviendas cedidas para uso familiar, con carácter temporal, a aquellas mujeres que puedan vivir de forma independiente.

2. En estos centros se procurará la recuperación integral de las mujeres y menores que las acompañen, mediante una intervención multidisciplinar que contemple acciones en el ámbito socioeducativo, social, formativo, psicológico y jurídico.

3. Las Administraciones públicas de Andalucía facilitarán la disponibilidad de los inmuebles para desarrollar este modelo de atención integral y acogida de acuerdo con las necesidades de adaptabilidad, independencia de la unidad familiar, en su caso, y ubicación en zonas que hagan posible la integración.

4. La Consejería competente de la Junta de Andalucía determinará reglamentariamente los requisitos que deben reunir estos centros, y el régimen de autorizaciones administrativas al que se sometan.

5. La Administración de la Junta de Andalucía ampliará la red pública de estos centros de atención integral y acogida, de acuerdo a la demanda existente, para garantizar una buena cobertura

Artículo 45.
Atención a colectivos especialmente vulnerables

1. La Administración de la Junta de Andalucía facilitará el ingreso preferente en la red pública de centros existentes a las mujeres que, además de sufrir violencia de género, tengan otras problemáticas o situaciones añadidas, en particular enfermedad mental, prostitución, mujeres inmigrantes, discapacidad, mayores sin recursos y mujeres con problemas de adicción. Estos centros contarán con la colaboración de los servicios especializados en la atención a la violencia de género.

2. La Administración de la Junta de Andalucía establecerá medidas específicas para la atención a las personas especialmente vulnerables que convivan con el autor de la violencia de género o con la mujer que la haya sufrido.

TÍTULO III. Medidas para la recuperación integral

CAPÍTULO I. Ayudas socioeconómicas

Artículo 46. Ayudas económicas

1. La Administración de la Junta de Andalucía, en el ámbito de sus competencias, garantizará el acceso a las ayudas económicas que se prevean para las mujeres víctimas de violencia de género y las personas de ellas dependientes.

   Las dotaciones económicas que tengan este destino se preverán presupuestariamente y deberán recoger las previsiones suficientes para que todas las mujeres víctimas de violencia de género y sin recursos económicos puedan acceder a dichas ayudas.

2. El Gobierno Andaluz debe consignar en sus presupuestos los créditos necesarios para la financiación de todas las prestaciones garantizadas, de las prestaciones de servicios, de los recursos, de los programas, de los proyectos y de otras actuaciones recogidas en la Ley, de acuerdo con las competencias atribuidas por ésta.

Artículo 47. Ayudas en el ámbito escolar

1. La Administración de la Junta de Andalucía incluirá la violencia de género en el entorno familiar como factor de valoración para el establecimiento y concesión de ayudas que se destinen a familias con escasos recursos económicos, dirigidas a compensar las carencias y desventajas que impidan o dificulten el acceso y la permanencia de los menores en el sistema educativo.
2. Asimismo, dicho criterio se tendrá en cuenta para el acceso preferente de los hijos e hijas en la adjudicación de plazas ofertadas en los centros de atención socioeducativa para menores de tres años.

CAPÍTULO II. Disposiciones en materia de vivienda

Artículo 48. Viviendas protegidas

1. Las Administraciones públicas de Andalucía podrán establecer un cupo de reserva de viviendas específico en aquellas promociones de vivienda protegida que se estimen necesarias, para su cesión o adjudicación en régimen de alquiler o en propie-

dad a las mujeres que acrediten la situación de violencia de género, cumpliendo los requisitos, y con necesidad de vivienda, en los términos establecidos en el artículo 30.1, letra a), de la presente Ley.

Mediante convenios con las Administraciones competentes, el Gobierno podrá promover procesos específicos de adjudicación de viviendas protegidas a las víctimas de violencia de género.

2. En las condiciones que reglamentariamente se determinen y considerando la situación socioeconómica de las mujeres, se establecerán ayudas para el acceso a vivienda protegida.

3. Las situaciones de violencia que dan lugar al reconocimiento de este derecho se identifican por cualquiera de los medios previstos al artículo 30.1.

4. Las mujeres mayores y las mujeres con discapacidad que sufren violencia de género, y que se encuentran en situación de precariedad económica, deben ser consideradas colectivo preferente a los efectos de tener acceso a las residencias públicas.

Artículo 49. Posibilidad de permuta

1. Con la finalidad de proteger la integridad física y psicológica de las mujeres víctimas de violencia de género, que así lo acrediten en los términos establecidos en el artículo 30.1, letra a), de la presente Ley, se reconoce la posibilidad de autorizar permutas de viviendas protegidas adjudicadas a estas mujeres.

2. Las Administraciones públicas de Andalucía facilitarán la efectividad de las permutas de viviendas protegidas a las que se refiere el párrafo anterior.

Artículo 50. Confidencialidad en los procedimientos de concesión y adjudicación

Las Administraciones públicas de Andalucía establecerán los mecanismos necesarios para procurar la confidencialidad durante el procedimiento de acceso a viviendas protegidas; asimismo garantizarán la confidencialidad de los datos del domicilio y situación de la mujer, en particular en los ficheros y programas informáticos correspondientes, para asegurar su protección.

CAPÍTULO III.
Medidas en el ámbito laboral

Artículo 51. Programas de inserción laboral y de formación para el empleo

1. Las Administraciones públicas de Andalucía darán prioridad al colectivo de mujeres víctimas de violencia de género en los programas de formación e inserción laboral

que desarrollen, especialmente en aquellas acciones formativas con compromiso de contratación.

2. La Administración de la Junta de Andalucía incluirá en los planes de formación para el empleo acciones destinadas a mujeres víctimas de violencia de género, que mejoren su empleabilidad. Estas acciones específicas, para las que se establecerán ayudas en las condiciones que reglamentariamente se determinen, vendrán definidas por itinerarios personalizados de inserción.

Artículo 52. Fomento del empleo y del trabajo autónomo

1. La Administración de la Junta de Andalucía programará para la orientación, formación y seguimiento en el acceso y mantenimiento del empleo por cuenta ajena, y establecerá acuerdos con empresas y organizaciones sindicales para facilitar la inserción laboral de las mujeres víctimas de la violencia de género.

2. La Administración de la Junta de Andalucía establecerá incentivos a las empresas constituidas por mujeres víctimas de violencia de género o a ellas mismas cuando se constituyan en trabajadoras autónomas, en las condiciones que se determine reglamentariamente. A tal fin, en las convocatorias de ayudas a proyectos para el trabajo autónomo se priorizarán aquellos presentados por mujeres víctimas de violencia de género.

Artículo 53. Derechos de las trabajadoras

1. Las Administraciones públicas de Andalucía realizarán acciones de sensibilización que eviten que la violencia de género tenga consecuencias negativas para las trabajadoras, en sus condiciones de trabajo, acceso, promoción, retribución o formación.

2. De conformidad con el artículo 21.4 de la Ley Orgánica 1/2004, de 28 de diciembre, las ausencias o faltas de puntualidad al trabajo motivadas por la situación física o psicológica derivada de la violencia de género tendrán la consideración de justificadas, sin perjuicio de que dichas ausencias sean comunicadas por la trabajadora a la empresa a la mayor brevedad, cuando así lo determinen los servicios sociales de atención o de salud, según proceda.

3. La trabajadora víctima de violencia de género tendrá derecho a la reducción o a la reordenación de su tiempo de trabajo, a la movilidad geográfica de centro de trabajo y a la excedencia en los términos que se determinen en la legislación o convenio específico.

Artículo 54. Negociación colectiva

Las Administraciones públicas de Andalucía, en el marco de sus competencias, impulsarán y apoyarán la inclusión en la negociación colectiva de medidas a favor de las mujeres víctimas de violencia de género.

Artículo 55. Concienciación en el ámbito laboral y medidas de responsabilidad social corporativa

Las Administraciones públicas de Andalucía realizarán acciones específicas de concienciación en el ámbito laboral y medidas de responsabilidad social corporativa que impulsen el desarrollo de acciones de concienciación y sensibilización en el ámbito empresarial en materia de violencia de género.

Artículo 56. Derechos de las empleadas públicas de la Junta de Andalucía

1. De conformidad con el artículo 24 de la Ley Orgánica 1/2004, de 28 de diciembre, la Administración de la Junta de Andalucía facilitará para todas sus empleadas públicas que se encuentren afectadas por la violencia de género los permisos que correspondan, el ejercicio del derecho a la reducción o la flexibilidad de su jornada laboral, así como a la movilidad geográfica y a la excedencia, de acuerdo con lo dispuesto en materia de función pública o convenio colectivo.
2. Las faltas de asistencia totales o parciales de la jornada laboral, causadas por la violencia de género, tendrán la consideración de justificadas en el tiempo y en las condiciones en que así lo determinen los servicios sociales de atención o de salud, según proceda.

TÍTULO IV.
Coordinación y cooperación institucional

Artículo 57. Coordinación y cooperación

La Consejería competente en materia de igualdad impulsará la formalización de acuerdos de coordinación y cooperación entre las Administraciones públicas e instituciones con competencias en la materia objeto de esta Ley.

Artículo 58. Comisión institucional de Andalucía de coordinación y seguimiento de acciones para la erradicación de la violencia de género

1. Se crea la Comisión institucional de Andalucía de coordinación y seguimiento de acciones para la erradicación de la violencia de género, con el objeto de coordinar, impulsar y evaluar las acciones y medidas que se desarrollen en Andalucía contra la violencia de género.
2. Estará coordinada por el Instituto Andaluz de la Mujer y estará compuesta por miembros de todas las Consejerías que compongan el Consejo de Gobierno, representantes de las entidades locales y de las asociaciones de mujeres.
3. Su funcionamiento se desarrollará reglamentariamente.

Artículo 59. Redes de cooperación

Las Administraciones públicas de Andalucía establecerán redes de intercambio y colaboración, con el objetivo de contribuir a la prevención y erradicación de la violencia contra las mujeres, y facilitar de este modo a quienes la padecen el acceso a las ayudas y recursos.

Artículo 60. Protocolos de actuación

1. La Administración de la Junta de Andalucía promoverá la elaboración de protocolos de actuación, en particular en los ámbitos judicial, médico legal, policial, de salud, social y de los centros y servicios de información y atención integral a las mujeres.
2. Los objetivos de los protocolos para una intervención coordinada hacia la violencia de género deben:
   a) Garantizar la atención coordinada de la Administración andaluza, entes locales, agentes sociales y de los servicios que se desprenden, y delimitar los ámbitos de actuación que pueden intervenir en las diferentes situaciones de violencia hacia las mujeres.
   b) Establecer los mecanismos de coordinación y cooperación que permitan una transmisión de información continuada y fluida entre organismos implicados.
   c) Diseñar circuitos de atención adecuados a las diferentes situaciones de violencia y las necesidades concretas derivadas de estas situaciones.
   d) Establecer un modelo único y consensuado de recogida de datos para garantizar el conocimiento de la realidad.
3. Los protocolos deben prever la participación de los ámbitos directamente relacionados con el tratamiento de este tipo de violencia, como son las entidades y asociaciones de mujeres que trabajan en los diferentes territorios a partir de un modelo de intervención compatible con el que establece esta Ley.
4. La elaboración de los protocolos será impulsada por el Instituto Andaluz de la Mujer estableciendo la concreción y el procedimiento de las actuaciones, así como las responsabilidades de los sectores implicados en el tratamiento de la violencia contra las mujeres, con el objeto de garantizar la prevención, la atención eficaz y personalizada, y la recuperación de las mujeres que se encuentran en situación de riesgo o que son víctimas de la violencia de género.

Disposición adicional primera.
Evaluación de las medidas

La Consejería competente en materia de igualdad elaborará un informe anual, en los términos que reglamentariamente se determine, sobre el conjunto de actuaciones llevadas a cabo por las Consejerías implicadas en materia de violencia de género, que se presentará en el Parlamento Andaluz.

Disposición adicional segunda.
Constitución de la comisión institucional de coordinación y seguimiento de acciones para la erradicación de la violencia de género

En el plazo de un año desde la entrada en vigor de la presente Ley, se procederá a la constitución de la Comisión institucional de coordinación y seguimiento de acciones para la erradicación de la violencia de género.

Disposición adicional tercera.
Modificación de la Ley 13/2005, de 11 de noviembre

La presente Ley modifica el artículo 12.1 de la Ley de Medidas para la Vivienda Protegida y el Suelo, en tanto añade la posibilidad de permuta en casos de violencia de género, en cuya redacción se añadirá "in fine": y salvo la posibilidad de permuta en casos de violencia de género, tal y como prevé la Ley de protección integral contra la violencia de género de Andalucía.

Disposición transitoria única.
Fondo de garantías de pensiones

De acuerdo con la Disposición Adicional 19 de la Ley Orgánica de Medidas de protección integral contra la violencia de género, la Junta de Andalucía reglamentará el Fondo de Garantía de Pensiones en el marco de sus competencias.

Disposición final primera.
Habilitación normativa

Se autoriza al Consejo de Gobierno para dictar cuantas disposiciones sean necesarias para la aplicación y desarrollo de la presente Ley.

Disposición final segunda.
Entrada en vigor

La presente Ley entrará en vigor el día siguiente al de su publicación en el Boletín Oficial de la Junta de Andalucía.»

Otras publicaciones de interés de Editorial MAD

- **Libros para los diferentes cuerpos de la Administración General de la Junta de Andalucía**
- **Libros para diferentes categorías del Servicio Andaluz de Salud**
- **Libros generales y específicos para corporaciones locales andaluzas**
- **Temarios específicos para diferentes cuerpos de administración y servicios de las universidades andaluzas**
- **Libros para distintos cuerpos de la Administración General del Estado (plazas en Andalucía)**